UNE TRAHISON FRANÇAISE

Du même auteur

Blasphémateur, les prisons d'Allah, Grasset.

WALEED AL-HUSSEINI

UNE TRAHISON FRANÇAISE

LES COLLABORATIONNISTES DE L'ISLAM RADICAL DÉVOILÉS

Traduit et adapté par Chawki Freiha

ring.fr

ÉDITIONS RING

Collection
RING DOCUMENT
–
RING
www.ring.fr
–

Je suis un survivant… Par chance.
J'ai échappé à une exécution dans mon pays natal.
Cette deuxième vie, je la dédie à ma quête de la vérité,
à la liberté et pour un monde délivré de tout diktat.

INTRODUCTION DE L'AUTEUR

Si tu n'arrives pas à lire entre les lignes,
la lecture des lignes devrait suffire.

Après plusieurs mois de travail acharné, de rédaction, de traduction, d'adaptation et de retouches de dernière minute, de longues semaines de relecture, de corrections et de préparation juridique, le temps de la sortie de mon premier livre, *Blasphémateur, les prisons d'Allah*, était enfin arrivé.

La date de parution était fixée, depuis l'été précédent, au 14 janvier 2015 par les éditions Grasset. Il était inconcevable pour l'éditeur de publier ce livre-témoignage à la rentrée littéraire de l'automne, privilégiant sa publication à la nouvelle année. J'attendais cette date avec impatience, d'autant plus que cet ouvrage n'était pas simplement mon premier livre; il reflétait l'histoire de mon combat pour la liberté. Il était la voix de tous les persécutés dans les pays arabes et musulmans, ces contrées où l'oppression est devenue la règle. Les pouvoirs politiques, mais aussi les dignitaires religieux et même la société sclérosée et moyenâgeuse, s'y associent opportunément pour opprimer les libertés religieuses et d'expression au nom de l'islam.

Blasphémateur n'était pas seulement mon histoire, mais celle de très nombreuses personnes qui ont eu le courage de revendiquer leur athéisme et de tourner le dos à l'islam.

A quelques détails près, mon histoire ressemble à la leur. J'ai eu la chance de parvenir à m'enfuir de mon pays natal après y avoir été emprisonné et torturé durant plus de dix mois, et condamné par contumace par un tribunal militaire à une peine de sept ans et demi de prison ferme, pour « atteinte à l'islam et à la sûreté de l'Etat ».

Mais d'autres, à travers les pays musulmans, attendent toujours leur procès.

Certains ont été exécutés, d'autres ont été condamnés à des milliers de coups de fouet, sans oublier ceux qui attendent leur pendaison ou la décapitation. Quelle que soit la sentence qui les menace, des centaines d'opprimés croulent dans les prisons de ces pays au nom de la prétendue miséricorde de l'islam, alors que des milliers d'autres sont marginalisés par leur société et rejetés par leur famille pour avoir exercé leur liberté d'expression ou pour avoir réclamé leur liberté religieuse. Ils vivent cachés pour échapper aux poursuites des autorités. *Blasphémateur, les prisons d'Allah* était le porte-voix de toutes ces victimes et j'attendais sa parution pour les défendre et leur rendre hommage.

Le 7 janvier 2015, une semaine avant sa sortie en librairie, je devais signer les premiers exemplaires destinés aux journalistes et autres critiques, au siège des éditions Grasset à Paris. Mais je ne savais pas que ce jour-là allait marquer l'histoire de France, et à travers elle, celle du monde libre. Cette date noire restera marquée du sceau du terrorisme et du fascisme islamiste, deux fléaux qui caractérisent et définissent les idéologies haineuses qui trouvent leurs racines dans le dogme religieux mahométan. Les images de cette attaque, aussi directe que lâche, doivent rester dans les mémoires comme une action symbolique et radicale contre la liberté d'expression, l'une des valeurs de la République pour laquelle les Français ont combattu, versant leurs larmes et leur sang. Cette date aura également été le *starter* de mon combat pour la liberté et la République française.

Dès mon arrivée dans les locaux de Grasset, alors que je m'apprêtais à dédicacer les premiers livres, mon téléphone se mit à sonner. Un bref message m'annonça l'attaque terroriste en cours contre l'hebdomadaire satirique *Charlie Hebdo*. Sans en dire davantage, sans entrer dans les détails, ni annoncer le nombre des victimes, encore moins l'identité des terroristes et leur appartenance, le message que j'ai reçu m'a bouleversé et profondément blessé ; le choc qui venait de frapper le monde libre était en effet aussi violent que prévisible. En lisant ces quelques lignes sur mon Smartphone, j'ai cru que la terre s'écroulait sous mes pieds. Inconsciemment et avec beaucoup d'ironie, j'ai pensé que le sort s'acharnait sur moi.

Pour cause, j'avais quitté mon pays natal afin de trouver refuge au pays des libertés, fuyant l'oppression exercée au nom de l'islam, les tueries et les massacres commis par les radicaux. Je pensais trouver en France une nation capable de garantir la liberté d'expression et les libertés religieuses au nom desquelles j'ai été emprisonné, torturé et condamné. Mais voilà que le terrorisme s'attaque à toutes ces valeurs. Au sein de la rédaction de *Charlie Hebdo*, la liberté d'expression est mise en pièces à la kalachnikov. *In extenso*, la liberté de culte est sérieusement malmenée et les ex-musulmans menacés : taire mes convictions et ne jamais revendiquer mon statut d'athée est devenu pour moi une nécessité vitale et absolue. Pour ma sécurité, je devais, selon de nombreux conseils, faire profil bas et ne surtout pas évoquer certains sujets au risque de devenir une cible humaine un peu trop nettement visible sur le sol français.

A mes yeux, la France était le pays des Lumières, de la modernité, des libertés et des droits de l'homme et devait le rester. Je m'y suis réfugié pour fuir l'oppression, l'obscurantisme et l'injustice, mais voilà que je retrouve ces plaies au cœur de Paris.

L'attaque contre *Charlie Hebdo,* coïncidant avec la sortie de mon livre, a irréversiblement terni cette date qui devait être pour moi celle de ma renaissance, remplie de l'espoir d'une vie meilleure et teintée de renouveau. Ce fut, au contraire, un déluge de sang, de larmes et de douleur qui, mêlé à l'odeur de la poudre, allait noyer la France.

La spécialité des islamistes est de saper le bonheur des gens, de détruire la beauté, de bannir la joie et les loisirs ainsi que d'interdire toute forme d'innovation et de créativité. Ils ne dialoguent que par la mort et ne connaissent aucune tolérance pour ceux qui ne leur font pas allégeance. A travers l'attaque contre *Charlie Hebdo*, les zélotes* islamistes ont confirmé leur volonté hégémonique de supprimer toute voix discordante et d'imposer leur mode de vie au monde entier. Ils ont prouvé qu'ils représentaient la dernière idéologie fasciste, totalitaire et tyrannique dans le monde, et de loin la plus violente, imperméable à toute réforme et à tout type de modernisation.

Plus les détails de l'attaque contre *Charlie Hebdo* se précisaient, plus les messages s'accumulaient sur mon téléphone, plus ma souffrance et mon amertume s'accentuaient. L'attaque venait de confirmer mes craintes, ces événements ne m'ont nullement surpris, encore moins l'identité et l'appartenance idéologique des assaillants. Mais l'ampleur des dégâts et le nombre des victimes me rendaient encore plus furieux et un sentiment d'impuissance m'a envahi face à la perte des caricaturistes, symboles de la liberté d'expression en France. J'avais peur des conséquences de cette attaque sur les valeurs de la laïcité républicaine et de la liberté. J'avais peur pour les citoyens français, attaqués sur leur sol par des obscurantistes venus d'ailleurs, chargés d'une l'idéologie haineuse vieille de plusieurs siècles et venant du fin fond du désert. Ma tristesse était d'autant plus grande que j'ai grandi parmi eux, que j'ai, par le passé, été nourri dans cette mangeoire immonde, ce qui m'a permis, et me permet toujours, de les connaître de très près, de pouvoir deviner leurs actions et leurs réactions, mais aussi de discerner leurs abjects projets.

Le pays de mes parents a été détruit par l'islamisme radical qui continue de le gangrener et de transformer les éléments de sa jeunesse en potentielles bombes ambulantes. Aussi, je suis déterminé à mettre toutes mes forces dans ce nouveau combat qui s'impose comme une nécessité absolue : les empêcher de détruire mon pays d'adoption et celui de mes enfants.

Plus qu'un simple engagement, c'est le départ d'une quête que je me suis promis de mener à bien, en essayant de rallier un maximum de monde. La France est devenue ma patrie, et je me suis mis en devoir de la défendre jusqu'à mon dernier souffle.

LE MAL GAGNE DU TERRAIN

J'ai quitté ma Palestine natale dans l'espoir d'être le porte-voix des opprimés et la voix de ceux qui n'en ont plus. Je voulais exprimer leurs sentiments, défendre leurs combats et dénoncer la tyrannie des pouvoirs politiques en place et des idéologies théocrates* dont ils sont victimes. Depuis le pays des Lumières et de la liberté, je voulais œuvrer pour éclairer mon pays plongé dans l'obscurantisme. Mais au fil des jours, j'ai découvert que nous avions besoin de lutter, aussi et surtout en France, pour sauvegarder nos propres acquis et permettre à Paris de demeurer la « Ville des Lumières ».

J'ai constaté que la France était victime d'une multitude de trahisons. Il en va de nombreux politiciens qui, durant ces dernières décennies, ont cohabité avec la « bête » à des fins électoralistes, mais aussi d'intellectuels à la vision et la pensée tronquées par le « tiers-mondisme » et le « droit-de-l'hommisme » ; tous des collaborateurs par inaction qui sacrifient leur pays sur l'autel d'un combat d'arrière-garde. Surtout, il y a ces « nouveaux citoyens » qui sabotent les fondations de leur pays d'adoption et refusent avec virulence de se soumettre à ses lois au nom de leur idéologie. Comment peut-il en être autrement alors que leurs doctrinaires placent la *charia** – la loi islamique – au-dessus des lois terrestres ? Comment ne pas s'y attendre alors que l'un des prédicateurs en « costume cravate » des plus emportés, Tariq Ramadan, affirme que « *l'islam est un marqueur identitaire et la nationalité est un marqueur géographique. Jamais l'identité ne peut se dissoudre dans la géographie (...). Le musulman, où qu'il se trouve, appartient d'abord à la* Oumma* *islamique. Sa religion prime sur sa nationalité* ».

Il est ainsi primordial de défendre le monde libre contre ces illuminés et, pour y parvenir, nous devons combattre les idées mortifères et obscurantistes importées et véhiculées par les islamistes.

Ce jour funeste, alors que je dédicaçais mon livre dans une ambiance des plus mornes, plusieurs amis proches, connaissant mes appréhensions et mes craintes, m'ont téléphoné pour m'apporter leur soutien et surtout pour calmer ma colère face aux événements. Deux de mes meilleurs amis, Antonin et Grace, m'avaient rejoint chez Grasset pour partager non plus ma *joie*, mais ma *tristesse* à la suite des événements. Comme l'ensemble de l'assistance et des Parisiens, les yeux en larmes d'Antonin et de Grace exprimaient tristesse, craintes, colère et interrogations.

Qui sont les terroristes ? Que veulent-ils ? Quelles sont leurs motivations ? Pourquoi nous attaquent-ils ?

Ce sont les mêmes questions que je me suis posées quand j'ai été arrêté et emprisonné arbitrairement en Cisjordanie, pour d'obscurs motifs, par des idéologues se servant de la foi pour justifier leurs crimes. Pourtant, la réponse est claire et connue de tous, du moins par une majorité de l'opinion publique. J'écris ces lignes pour parvenir à poser les mots justes, à mettre au jour cette réponse, sans aucun fard et aucun voile, afin que ceux qui lisent cet ouvrage prennent la mesure de la situation actuelle et de sa dégradation.

Sans mot dire, à l'issue de la séance de dédicaces, la journée s'est poursuivie dans un climat très lourd, sombre, gorgé d'une douleur générale légitime et d'un profond dégoût. Tous ces sentiments ont envahi la ville. Je me suis rendu avec mes amis, place de la République, pour allumer des bougies en mémoire des victimes. De nombreuses silhouettes faisaient grossir ce cortège, les larmes affleuraient aux paupières, les mines étaient sombres. Ce fut un moment douloureux qui donnait une idée de l'état d'esprit collectif.

Le surlendemain, je me suis réveillé avec un événement aussi dramatique que celui de la veille : une nouvelle attaque contre un commerce *casher* faisait plusieurs victimes juives. La haine héritée des préceptes du prophète Mahomet s'est imposée une fois encore, avec sa violence coutumière, balayant aux passages de nouvelles vies, ajoutant de nouvelles victimes innocentes à sa liste criminelle. Toutes ces horreurs perpétrées au nom du Saint Coran et de ses disciples, aveuglés par ses versets les plus haineux, rendus encore plus venimeux par l'intensité des prêches. Et derrière cette locomotive suivent les wagons lourds, chargés de la régression sociale, de l'incivilité et de l'activisme.

La colère s'est emparée de la France. Des millions de citoyens, hostiles à la violence et favorables à la liberté d'expression ont organisé une imposante marche le 11 janvier pour dénoncer le terrorisme. Mais cette marche pour la liberté a été ternie par la présence de personnalités aussi fourbes que calculatrices, désireuses de présenter une façade honorable de l'islam en France alors qu'ils flirtent bien souvent avec des idées un peu trop proches des assaillants. Certains autres, plus rares, sont des fléaux dans leurs propres pays, connus pour être des oppresseurs, des répresseurs, des dictateurs voire des meneurs d'actions radicales. Si l'opinion publique et la presse ne pouvaient se permettre de dénoncer leur insultante participation à ce rassemblement, j'ai pu en faire l'amer constat. La liste de ces parasites serait aussi inutile que fastidieuse à dresser, mais respirer le même air que l'un d'entre eux m'était particulièrement insupportable : la présence de Mahmoud Abbas, ce 11 janvier à Paris, m'a profondément gêné et bouleversé. J'avais en effet le cœur lourd de devoir marcher avec mon geôlier, main dans la main, pour dénoncer le terrorisme alors que, de retour à Ramallah, Abbas allait poursuivre sa politique répressive contre mes semblables qui osent contester ses intolérables méthodes ou revendiquer un minimum de liberté. Les autorités palestiniennes m'avaient poursuivi pour les mêmes « crimes » que les terroristes attribuaient aux journalistes de *Charlie* afin de justifier leur exécution. Je ne m'étais pas trompé dans mon analyse puisque, de retour en Cisjordanie, Abbas a fait arrêter un caricaturiste palestinien. Toutefois, ces détails m'importaient peu. J'étais habitué à ces manœuvres et au double langage et j'étais impatient de voir mon livre dans les librairies.

Au plus profond de moi, j'appréhendais surtout l'après *Charlie*. J'ignorais encore à quel point l'avenir allait confirmer mes craintes.

Au lendemain de la marche pour les libertés, je pensais que la mobilisation populaire contre le terrorisme et l'élan de solidarité autour des valeurs de la République allaient se prolonger, réveiller les Français et les conduire à contraindre les fidèles et les représentants de l'islam sur le sol de leur pays, à se conformer à leurs valeurs, comme ce fut le cas pour la chrétienté avec la mise en place de la loi de 1905 qui a achevé la séparation complète entre le clergé et l'Etat, manœuvre laïque d'envergure commencée par une initiative du Vatican et renforcée à la suite de la Révolution française. Je m'attendais à la mise en place de mesures drastiques pour commencer à freiner une islamisation venimeuse à tous les niveaux de la société. En effet, si la France avait réussi à se défaire de l'emprise d'institutions solides, culturellement enracinées dans sa propre culture et son identité, aussi puissantes que l'Église catholique, apostolique et romaine – rien de moins que le trône papal –, je m'attendais à ce qu'il en soit de même pour l'islam. Pièce rapportée tardivement, culturellement étranger à un Etat depuis longtemps laïc, ce mouvement à la fois religieux et identitaire venait de prouver sa toxicité et sa dangerosité pour la nation. Je n'avais aucun doute que ces sacrifices ne seraient pas vains et m'attendais naïvement à un tsunami politique, à des vagues de réformes générées par un bouillonnement de l'Assemblée nationale, voire à l'apparition d'un Voltaire contemporain.

Peine perdue.

Quelques jours après le grand rassemblement, les divisions politiques internes au pays ont repris le dessus. Rien ne s'est passé, ni réforme ni même un réel débat. Rien n'a changé. Chaque bord politique allait vraisemblablement poursuivre sa propre utilisation de l'islam, à des fins électorales ou symboliques. Pour les quelques individus éclairés, conscients du danger de passer par-dessus un tel carnage, la déception était proportionnelle à la peur de ce qui pourrait suivre, de la potentielle surenchère meurtrière qui allait survenir. Pour la majorité des citoyens français, l'affichage symbolique du slogan « Je suis Charlie » sur leur profil Facebook représentait une forme de soutien moral à l'image d'une société au sein de laquelle on ne manifeste plus que virtuellement sa colère, une « révolution.com » bien trop lisse et polie pour représenter un quelconque poids. La masse docile et domestiquée, face à la division inerte de la sphère politique, alors que chaque parti cherchait à tirer un maximum de publicité dans le sang des journalistes sacrifiés, n'a pas trouvé grand-chose de plus efficace à faire.

Plusieurs raisons expliquent ces divisions qui ont anéanti tout espoir d'un sursaut général, en premier lieu desquelles figurent les arguments avancés par les terroristes pour justifier leurs actes : venger leur prophète. Ainsi, les islamistes sont parvenus à monter les Français les uns contre les autres. Dans cette nébuleuse d'opinions plus ou moins marquées, certains ont blâmé *Charlie* pour avoir provoqué leur sort en ayant dessiné Mahomet, d'autres ont attribué la responsabilité du massacre aux victimes pour avoir abusé de la liberté d'expression. Les mots chargés de reproches montaient à la fois de partout et de nulle part, infestant les réseaux sociaux, se laissant parfois sous-entendre dans les commentaires de quelques analystes politiques et autres philosophes, intellectuels ou sociologues ; à la télévision et sur les ondes radio, un venin contre-productif coulait à flot. Encore une fois, la couleuvre a été avalée docilement tandis que le courage nécessaire brillait par son absence, comblée par la pratique coutumière de la langue de bois. Les valeurs acquises durant la Révolution française ont ainsi volé en éclats.

Le simple fait de se demander si ce journal avait franchi les lignes rouges de la liberté d'expression a été capable, à lui seul, de briser l'effet « Je suis Charlie ». La vérité sur cette situation était affligeante : après son propre massacre, on osait se demander si la rédaction de *Charlie Hebdo* n'était pas *en partie* responsable. Au lieu de condamner le terrorisme d'une seule et forte voix, la tentative de lui trouver des motivations et des explications semait le doute, divisait l'opinion publique et, pis encore, accordait aux terroristes une victoire sur le monde libre : diviser pour mieux régner. Quiconque blâmait *Charlie* pour ses caricatures poignardait la Révolution et dilapidait ses acquis. Les polémiques stériles sur la responsabilité des victimes ont automatiquement écarté la responsabilité des tueurs et occulté le débat sur les origines et les causes de ce terrorisme. Les islamistes ont réussi à morceler ce qui aurait dû être le grand rassemblement des Français. Les milieux pseudo-défenseurs des libertés et des pseudo-laïcs ont étouffé un cri de rage général légitime en ayant ainsi lâchement cherché à justifier l'injustifiable, à critiquer le comportement des victimes au lieu de condamner les coupables ainsi que la source de leur idéologie. Certaines villes musulmanes ont célébré la « victoire de Paris » ou *Ghazouat Charlie* : « la razzia de *Charlie* ». Les musulmans fêtaient ainsi leur vengeance pour le prophète, exactement comme ils l'avaient fait au lendemain de l'attaque de New York, le 11 septembre 2001.

A l'époque, je vivais en Cisjordanie, et la condamnation du triple attentat contre le World Trade Center et le Pentagone par l'Autorité palestinienne était timide et demeurait de simples mots polis et bienséants du bout des lèvres des officiels, reflétant un double langage manifeste et une duplicité patente. Les Palestiniens avaient fêté cette « victoire de l'islam » publiquement, dans les rues, distribuant des gâteaux et du thé aux passants. Pour eux, comme pour l'ensemble des musulmans, c'était un coup asséné sur la tête du monde libre et mécréant, mais surtout le début de la gloire de l'Islam, en tant que religion mais aussi culture, conformément à la promesse de Mahomet. Ce n'était que la traduction de l'enseignement islamique reçu à l'école et des prêches prodigués dans les mosquées. Ils ont piétiné toutes les valeurs humaines en glorifiant les terroristes et en insultant les victimes.

Pour les musulmans nourris à la haine depuis leur plus jeune âge, qui en subissent les rappels quotidiens à travers les prêches violents à la mosquée et à travers les chaînes satellitaires, il suffit que l'un des leurs tue un mécréant au nom de l'islam pour qu'il soit érigé en héros, qu'ils donnent son nom aux nouveau-nés pour perpétuer sa glorieuse mémoire. Le martyr devient ainsi un membre de la famille puisqu'il fait partie de la nation islamique, la *Oumma*. De ce fait, un acte terroriste individuel engage l'ensemble de la population. Les musulmans prient pour les leurs et implorent Allah de leur ouvrir son paradis pour asseoir ces symboles criminels, tachés du sang des innocents, auprès du prophète et ils le couvrent de prières pour aider les combattants dans leur lutte acharnée et meurtrière contre les citoyens du monde libre qu'ils qualifient de mécréants.

C'est là que réside l'un des problèmes de l'islam en France, où les musulmans l'ont transformé en un mode de jugement politico-théologique au détriment de son statut de simple religion, notion depuis toujours dépassée au profit de la lutte conquérante et invasive qu'il véhicule. Cette évolution est la menace d'une guerre civile et ethnique en gestation permanente, avec une connotation confessionnelle indéniable. En plus de leur comportement, consciemment ou non, ils sont aidés par ceux-là même qui qualifient toute critique de leur dogme d' « islamophobie ».

LA POLITIQUE DE L'AUTRUCHE

Le fait qu'un policier en faction devant *Charlie Hebdo*, abattu par les terroristes, soit musulman, et que l'employé du commerce juif qui a protégé les clients le soit lui aussi, a brouillé l'esprit critique et la logique des Français. Dans la pensée collective, le sectarisme de l'islam a été minimisé, voire carrément nié ; cet aveuglement volontaire a fait oublier la nécessité d'une réforme ferme et sans délai des conditions de pratique du culte ainsi que d'un arrêt indispensable de la propagation idéologique et communautariste qui y est intimement lié.

De nombreux Français imaginent que l'islam est une religion de paix et de miséricorde ; de ce fait, les islamistes radicaux n'en feraient pas partie et ne seraient qu'une minorité préjudiciable. Cette idée réductrice dissocie l'islam du terrorisme commis en son nom. Or, de par son enseignement et sa pratique, ce dogme religieux favorise l'extrémisme, promeut le djihad en formant ses activistes et en véhiculant la violence. Cette approche simpliste a éparpillé encore davantage les élites, donnant un coup de mou supplémentaire à la stérilité du débat autour de l'origine de la barbarie et des moyens d'y remédier. Elle a aussi et surtout donné l'illusion de l'existence de musulmans qui lisent paisiblement le Coran et vivent leur foi avec intelligence et discernement, créant l'illusion que ceux qui l'appliquent à la lettre et veulent l'imposer au monde dans un retour radical quatorze siècles en arrière sont minoritaires.

Des voix se sont élevées pour appeler à comprendre les motivations des terroristes, au point de les présenter comme des proies d'esprits retors, des souffre-douleurs. La vérité est beaucoup plus simple et sordide. S'ils sont effectivement des victimes, c'est de façon délibérée : ils sont les esclaves volontaires de leur propre idéologie violente et fasciste. Ce point, loin de les excuser, les caractérise. Aujourd'hui, il n'existe à travers le globe qu'une seule religion qui justifie et recommande le terrorisme, une seule secte qui prône l'exclusion de l'autre, une seule confession qui refuse la critique et une seule idéologie qui rende licite l'assassinat de tous ceux qui osent appeler à sa réforme. C'est l'unique religion qui, une fois promue religion d'Etat, le transforme en une entité totalitaire et criminelle qui bafoue les droits de l'homme – et encore davantage ceux de la femme –, qui régresse autant au niveau économique que sur le plan du développement humain. Il n'existe aucun pays où l'islam est religion d'Etat respectant les intellectuels et la liberté d'expression. Dans ces conditions, il est aisé de déduire que la répression des libertés favorise la fabrication des terroristes. En interdisant les arts, le sport et toute forme de distraction, il ne reste que les Saintes écritures ; les versets empoisonnés par les leaders prodjihadistes deviennent alors le seul centre d'intérêt possible de la population.

Certains estiment, à tort, que le terrorisme est lié à la pauvreté et se nourrit de la marginalisation des jeunes. Mais comment expliquer alors que le Koweït, l'un des pays les plus riches, ou la France, pays de la liberté et de l'égalité, puissent voir grossir en leur sein la tumeur du terrorisme ? Comment expliquer que plusieurs richissimes hommes d'affaires saoudiens aient quitté le confort de leurs palais pour rejoindre le djihad et devenir des chefs terroristes ? Comment expliquer que de jeunes Saoudiens, issus de la haute bourgeoisie, aient sacrifié leurs vies afin de transformer des avions civils en missiles pour terroriser le monde ?

La réponse est aussi simple que glaçante.

L'islam moutonnier sait détourner des personnes qui pourraient passer pour des individus socialement stables, au statut parfois élevé, pour les diriger vers les sentiers cahoteux et instables des nouveaux maquis, ceux qui cachent la haine et l'intolérance. C'est un phénomène unique qui fait la force du dogme mahométan : l'idéologie prime sur l'individualité, le succès d'un attentat vaut plus que toutes les vies sacrifiées pour sa réussite. Face à cette évidence, on ne peut que se rendre à l'évidence : ni la pauvreté, ni la marginalisation, ni l'oppression ne peuvent transformer de simples citoyens en terroristes. Ils ont un dénominateur commun : l'islam. Et ils ont un objectif commun, maintes fois revendiqué et assumé : faire régner à tout prix leur religion et la culture rétrograde qui s'y attache, par la persuasion si possible, par la force s'il le faut.

Quelques jours après la Marche pour les libertés, j'étais choqué de voir certains intellectuels français défendre le « vivre ensemble », appeler à éviter les « amalgames » entre islam, islamisme et terrorisme. Fidèles à leurs habitudes depuis les années 1970, ils ont défendu les musulmans et appelé à lever tous les obstacles qui freinent leur intégration dans la société française, au moment où les idéologues islamistes confirmaient, sourates à l'appui, que l'islam est insoluble dans la démocratie. Au lieu de prendre à la lettre les paroles prononcées par ces idéologues et de prendre les mesures nécessaires pour les stopper, ces pseudos-intellectuels ont critiqué les journalistes qui n'ont pas su respecter la sensibilité des musulmans. Ils ont attribué le carnage à la ségrégation dont les musulmans étaient victimes, à leur exclusion du paysage politique, de la sphère économique et à leur marginalisation socioculturelle. Certains politiciens aux buts électoralistes, souvent placés à gauche de l'hémicycle, ont même eu le culot de réclamer la réforme de la loi sur la laïcité pour la conformer aux exigences des musulmans. Selon leur lecture, la France devait se conformer aux immigrés, et non le contraire, pour leur permettre de s'intégrer. Ils exigeaient de la France une réforme de ses lois sans demander aux musulmans de cesser leurs prêches hostiles à la

France et à son mode de vie. Pourtant, tout le monde semble oublier que toutes les religions monothéistes se sont naturellement adaptées aux lois de la République.

Il n'est un secret pour personne que les habitants des banlieues chaudes françaises, issus majoritairement de l'immigration musulmane, ont tendance à plonger toujours plus profondément jour après jour dans les différentes branches de l'extrémisme, tendues comme autant de branches salutaires au bord d'un précipice. Ces *no-go zones** sont le terreau de la radicalisation où la population vit hors des cadres sociaux et légaux, allaitée à coups de prêches dans des mosquées officielles ou clandestines, mais aussi sur la toile, les individus qui composent ces communautés fermées refusent de plus en plus la modernité dans tous ses aspects, principalement dans la voie rétrograde du salafisme. Ça se vérifie partout : dans les écoles, où ils rejettent les théories darwiniennes, comme dans la vie quotidienne, en refusant la mixité, en bannissant la musique et, plus généralement, la culture laïque ou en exigeant des horaires aménagés à la piscine.

Malgré cet enfermement sur soi, une tendance à jeter l'éponge et à fermer les yeux s'installe dangereusement, laissant les racines de ces maux s'enfoncer toujours plus profondément. De nombreux intellectuels tendent à la reddition, soumettant la République au diktat des musulmans pour éviter de nouvelles irruptions de violence. Leur seul souci est de préserver la paix civile au nom de laquelle ils préconisent la politique de l'autruche. A croire que la France a perdu le sens du discernement et de la critique. Avec la globalisation et le libéralisme outrancier, les élites françaises se sont disloquées et se sont dissoutes dans la mondialisation, alors que les musulmans restent fermement attachés à leur idéologie, refusent l'intégration et continuent de croire qu'ils possèdent la vérité absolue. La décadence des intellectuels français a débuté avec Michel Foucault qui a pris fait et cause pour la Révolution islamique en Iran, dès 1978. Elle s'est accélérée avec la chute du communisme et du bloc soviétique. Depuis lors, l'élite spirituelle française, principalement de gauche, y compris ses éléments les plus médiatisés, ignorent les fondamentaux de l'islam et de son idéologie. Ils ont oublié le sort que la Révolution islamique en Iran a réservé aux gauchistes au lendemain de la victoire de l'ayatollah Khomeiny. Ce dernier a multiplié les atrocités, allant même jusqu'à ordonner le viol des femmes progressistes avant leur exécution pour les empêcher d'accéder au paradis, ultime souillure selon leur dogme désaxé.

Par cette amnésie historique, ces individus politisés dans le sens du poil passent à côté d'une lecture sur le long terme et préconisent des solutions à très court terme. Il ne suffit pas de prendre en compte les éléments géostratégiques, comme l'alignement de la France sur les Etats-Unis dans l'antiterrorisme, ni les facteurs tactiques régionaux, comme les duplicités de l'Arabie saoudite, du Qatar, de l'Iran, de la Turquie et de la Syrie, pour comprendre la naissance et la croissance de Daech et ses effets sur la jeunesse musulmane en Europe. Pour saisir le véritable sens de ces données, il faut les lier à l'idéologie musulmane, principal moteur et carburant de Daech.

De fait, certains philosophes, sociologues et autres penseurs français tentent d'interpréter et de comprendre la dynamique islamiste à travers un prisme occidental sans tenir compte de sa source, le Coran, qui justifie et nourrit le terrorisme. Dans leur subconscient, les terroristes commettent les pires atrocités pour gagner le paradis et jouir des 72 vierges promises dans l'au-delà. La notion de martyr est l'objectif le plus noble pour les rapprocher de leur prophète. Autant d'éléments que l'Occident ne peut concevoir et que le pragmatisme français peine à comprendre. Le terroriste musulman ne combat pas en Occident en raison de sa propre marginalisation, de sa pauvreté ou de l'oppression dont il se dit victime, mais il le combat au nom de l'islam qui lui a promis les merveilles d'une hypothétique vie après la mort. L'objectif est de faire régner leur religion sur le monde entier. Par définition coranique, le djihad doit être ininterrompu pour réaliser le rêve du prophète. Les djihadistes ne connaissent pas de frontières et on les voit sur tous les fronts puisque leur appartenance à l'islam prime sur leur nationalité. De par leur idéologie, plus ils commettent d'atrocités plus leur accession au paradis est rapide : il est impossible de dissocier le facteur religieux des actes terroristes.

En l'absence de compréhension de cette approche, l'élite française propose des solutions de courte vue basées essentiellement sur l'évitement de la confrontation politique, intellectuelle et spirituelle. Ce défaitisme a conduit la France, et plus largement l'Europe, à la situation dramatique actuelle ; il s'apparente à une forme de « haute trahison ».

Cette incapacité à comprendre les vraies motivations des terroristes conduit à des propositions pour le moins inefficaces et, selon toute vraisemblance, incapables de résoudre la problématique idéologique de l'islam sur le sol français. Revoir les lois de la laïcité afin d'obliger les institutions islamiques à exercer dans la modération et la légalité, recruter des imams modernistes, interdire le financement étranger, revoir la politique extérieure de la France et soutenir les branches religieuses les plus modérées ne suffit pas à endiguer la violence véhiculée par le Coran. Michel Foucault et son erreur d'appréciation de la Révolution iranienne n'ont pas servi d'exemple aux générations suivantes qui persistent à défendre une vision « droit-de-l'hommiste » à outrance, au nom du pluralisme, au moment précis où les musulmans le refusent et rejettent les droits de l'homme. Alors qu'ils se revendiquent des libertés individuelles et de la modernité, ces intellectuels n'hésitent pas à défendre le droit des musulmans d'imposer le voile, la burqa ou le burkini à leurs filles.

Ainsi, au nom du respect de l'autre, du pluralisme et de la liberté, la France en particulier et les pays occidentaux en général ont fait le lit de l'extrémisme qui, paradoxalement, rejette la diversité et la liberté. Certains penseurs médiatisés et autres sociologues, dans cet aveuglement, déduisent désormais que le terrorisme est une réaction des musulmans à la provocation culturelle et politique et à la privation sociale. Mais en réalité, le terrorisme est savamment calculé et vise à imposer l'islam comme la meilleure et seule façon de bâtir une nation, partant du principe que ses préceptes étroits et réducteurs sont les uniques fondations capables de générer une société saine. Cette tendance à vouloir imposer la vision d'un univers « islamocentrique », à laquelle s'ajoute cette volonté de domination sans concession et cette vision globale dépourvue de toute réflexion et d'autocritique, est actuellement le seul mode de pensée toléré par la communauté musulmane mondiale. C'est sur ces bases indiscutables que s'installe lentement un empire qui vise à s'étendre sur l'ensemble de la planète, par tous les moyens possibles. Cette colonisation progressive mais inflexible peut continuer de progresser, encouragée par l'aveuglement volontaire général, le négationnisme et la permissivité des nations civilisées déjà irréversiblement infectées.

Pacifiste, l'Occident a sacrifié ses valeurs pour cohabiter avec l'islam alors que ce dernier se prépare à la confrontation, sous différents prétextes fallacieux. Tous les moyens sont bons, y compris les plus contradictoires. En effet, l'islam, qui combat la modernité, exploite les moyens les plus modernes pour se répandre, comme Internet et les réseaux sociaux, donnant à certaines de leurs vidéos de propagande des allures de productions hollywoodiennes. Une autre contradiction patente est l'exploitation des droits de l'homme pour exiger et obtenir des concessions permettant son expansion alors que les préceptes du Coran vont à l'encontre de ceux-ci. Au lieu de dévoiler la supercherie qu'est l'islam, les avancées technologiques permettent paradoxalement à ce dernier de se développer à travers le monde via Internet. Daech et la diffusion virale sur la toile de ses productions dignes des Studio Spielberg sont un exemple parfait d'entorses aux règles que ces derniers veulent imposer. Nous sommes face à un cas de figure où ce qui est condamné est un outil si le besoin s'en fait sentir, où les interdictions deviennent des moyens. Il s'agit là d'une religion finalement malléable lorsque c'est arrangeant pour les dirigeants, officiels ou officieux : ils peuvent moduler les versets selon les besoins de leurs techniques de manipulation des fidèles, le tout alimenté au Coran alternatif.

La culture française s'est enfermée dans son interprétation stricte des droits de l'homme, stagnant de ce fait dans une permissivité qui devient clairement nuisible. Le bon sens voudrait une réactualisation de ce texte, aussi symbolique soit-il, pour le durcir un peu et empêcher les islamistes d'en user et d'en abuser pour arriver à imposer leurs doléances. Ces derniers, loin de les respecter, ne font que composer et jouer avec les lois qui constituent cette garantie des libertés individuelles sur le sol français, tout en crachant dessus du haut de leur idéologie. La gauche française a commis l'erreur de défendre le particularisme de l'islam au sein du pluralisme sociétal. Or, quand le particularisme se nourrit du pluralisme et l'exploite, c'est tout l'édifice du système qui s'effondre : l'extrémisme islamiste a exploité le pluralisme français, ainsi que les droits individuels et collectifs garantis par la Constitution afin d'installer et d'exercer son hégémonie sur la société française. A présent que c'est chose faite, ou au moins confortablement engagée, la prochaine étape sera d'imposer fermement son propre mode de vie. Ceux qui s'y opposent sont systématiquement accusés d'islamophobie. A terme, ce phénomène menace les fondements de la laïcité française. Intégrer l'islam sans faire l'effort de le décortiquer, de le comprendre, de le réformer et le conformer aux valeurs de la République constitue une réelle menace pour celle-ci.

Une grande partie des personnalités publiques, particulièrement de gauche, imbibées des valeurs progressistes, ont omis de regarder le phénomène sous cet angle, occultant la réalité du choc des civilisations et des courants qui grossissent en leur sein. Ils ont ainsi favorisé la constitution de « mini-sociétés » aussi actives que nocives au cœur de la société française. Ils persistent aujourd'hui à dissocier le conflit en cours avec l'islam de l'histoire, celui des guerres ancestrales qui ont sévi entre les deux rives de la Méditerranée, opposant les deux civilisations et les deux religions. Cette volonté d'imposer la coexistence et la cohabitation au nom du « vivre ensemble », alors que ces invités de la nation n'entendent nullement respecter ce concept, revient à laisser des termites détruire une maison en se disant qu'il faut bien que ces pauvres bêtes se nourrissent. Ces penseurs sociaux participent à l'autodestruction de leur civilisation et de ses valeurs. Ils font preuve de beaucoup de légèreté à laisser passer cet ensemble idéologique sans tenir compte de ses innombrables facettes belliqueuses et l'intransigeance de leurs objectifs sous-jacents. Là aussi, ce phénomène s'apparente à de la trahison.

Allant dans le même sens, la gauche a largement contribué à imposer l'humanisme sans pour autant faire de même concernant l'idéologie islamiste qui bafoue ces valeurs élémentaires. Pour la gauche, le relativisme ne concerne que l'Occident et ses principes moraux. L'islam en est dispensé par une bienséance mal placée et comme symbole de l'antiracisme de ce bord politique dangereusement permissif. Il lui devient difficile de discerner, de comprendre et de critiquer les propos des dirigeants musulmans qui usent de leur duplicité et jouent sur la subtilité linguistique pour échapper à toute critique. Les mahométans présentent ainsi à l'Occident un islam pacifique, tolérant et miséricordieux, alors que la partie guerrière du Coran est réservée à un usage interne, destiné à mobiliser les musulmans et à formater les djihadistes. La légèreté de l'analyse des progressistes et les compromis des politiciens ont dressé un obstacle de taille devant toute critique venant de la droite et fait apparaître celle-ci comme xénophobe et islamophobe. Le résultat alimente en eau le moulin des islamistes et tétanise l'opinion publique partagée entre la crainte d'une guerre civile et la possibilité du « vivre ensemble » prônée par tous les médias et par les institutions françaises. Le jeu de l'électoralisme gauchiste va clairement trop loin et jongle avec trop d'assurance en accumulant les éléments tranchants. Il est temps d'ouvrir les yeux, de faire un bilan et d'en tirer les conclusions qui s'imposent.

Pourquoi les musulmans attaquent-ils la France, pays des Lumières, de la modernité, des libertés, de la philosophie et de la culture ? Durant les dix mois suivants l'attaque contre *Charlie Hebdo*, je me suis posé cette question et tant d'autres. Pour y répondre, je me suis attelé à observer la société française dans toutes ses composantes : les intellectuels, les journalistes, les hommes politiques, les activistes et défenseurs de la laïcité, sans oublier de scruter simultanément l'évolution de la situation politique dans les pays arabes et musulmans. Considérant qu'il est de mon devoir de défendre la laïcité et de dénoncer les atteintes qui visent ses valeurs, j'ai décidé d'écrire mon deuxième livre pour mettre le doigt sur la plaie, diagnostiquer la situation et contribuer à prescrire le remède adéquat. Je refuse de regarder passivement s'effondrer les fruits de la Révolution française, encore moins de les sacrifier sur l'autel d'un « vivre ensemble » utopique. Hors de question de garder le silence face à ceux qui nous poussent vers l'abîme. Je les connais de très près, ayant été contraint à les fréquenter et à recevoir leur enseignement venimeux. Ils manœuvrent et louvoient avec leur idéologie à géométrie variable et leur double langage.

Pour trouver le bon remède, il convient d'effectuer le bon diagnostic. Contrairement à ceux qui scrutent l'islam sous le prisme occidental et qui se trompent souvent, je pense être mieux armé pour réaliser cet exercice, avec l'assurance d'une plus grande exactitude puisque je suis issu de l'Islam. Je l'ai fréquenté culturellement, idéologiquement et spirituellement et je me suis révolté contre ses valeurs pour finir par m'en détacher tout à fait. Ce qui m'a valu mon emprisonnement et a motivé ma fuite.

J'ai décidé d'écrire ce livre après avoir dénombré beaucoup de spécialistes de l'islam qui ont multiplié les diagnostics sans pour autant prescrire les bons remèdes. D'ailleurs, la plupart des constats sont erronés puisque leurs auteurs s'adonnent à l'auto-flagellation morale. Bon nombre d'hommes politiques et d'analystes regardent le présent et prévoient l'avenir à travers le prisme du passé colonial de la France. Ils sont influencés par les extrémistes de gauche qui défendent aveuglément les musulmans sans tenir compte de leurs sombres desseins pour la France.

Ces révolutionnaires à la tête vide rêvent de l'avènement de l'application, aussi stricte qu'utopique, d'un système communiste, basé sur la dictature du prolétariat ; ils pensent pouvoir trouver dans la communauté musulmane le soutien idéal, se figurant que la masse de ceux qui la composent constitue une base populaire solide et des soldats potentiels pour réaliser leur révolution rouge, qu'ils ont leur place dans la société idéale qu'ils cherchent à créer. Ils se fourvoient complètement. Ils n'imaginent pas à quel point l'idéal islamique est loin de leurs rêves utopiques, voire en désaccord parfait. Ces politiciens et intellectuels sont atteints d'un « Alzheimer politique ». Les plus extrémistes d'entre eux veulent exploiter les musulmans dans un projet politique que ces derniers combattent. Pis encore, les musulmans considèrent les communistes comme des athées et des renégats passibles de la peine de mort.

Plongé dans ma réflexion, j'ai été secoué par l'attentat du 13 novembre 2015 qui a endeuillé Paris, la colorant en rouge sang. Il n'est pas fortuit que les terroristes attaquent des emblèmes et des symboles de la vie parisienne. Il n'est pas étonnant qu'ils aient pris pour cible le Bataclan, établissement géré par des individus de confession judaïque, tuant par la même occasion des spectateurs venu écouter un groupe de rock, musique blasphématoire dans l'idéologie étroite des auteurs du massacre. Les radicaux ont encore une fois frappé des innocents qui s'amusaient, chantaient et dansaient. Selon leurs critères arbitraires, ils ont plongé un lieu jugé déviant, rempli de mécréants s'adonnant à une activité impie, dans le chaos le plus total, semant la terreur et la mort comme s'ils détenaient le droit de jeter des plaies divines. L'attaque du Stade de France, quasi simultanée, a également été symbolique : le sport est un divertissement qui éloigne les fidèles de la parole du prophète et des Saintes écritures. Idem pour les débits d'alcool qui sont pour les islamistes des lieux de débauche. Ces attaques coordonnées, loin d'être des actions aveugles, ciblaient des éléments opposés, voire ennemis, aux valeurs de l'islam, imposées comme un dogme universel et inviolable. Notons malgré tout que, malgré leur morale qui se veut inébranlable, des organisations terroristes n'hésitent pas à utiliser le pavot à opium et l'héroïne du croissant d'or – Afghanistan, Pakistan et Iran – pour financer leurs actions. Une fois encore, la cause du djihad et de la purification par l'islam n'est pas à une contradiction près.

Les terroristes ont ainsi attaqué le mode de vie occidental des Français, révélant au grand jour leur différence fondamentale avec les habitants des pays libres et civilisés. Depuis leur jeune âge, les Français, dans leur large majorité, sont formatés pour éviter la violence physique, ils sont éduqués pour éviter toutes sortes de brutalité et de barbarie. A l'école, dans la famille, la France enseigne le respect des libertés, de la liberté individuelle jusqu'à la liberté politique en passant par la liberté d'expression, la liberté religieuse et la liberté sexuelle. De plus, le Français moyen est craintif, l'insécurité est un thème qui a trop souvent été utilisé par la propagande médiatique, souvent à des fins électoralistes. La violence dans les banlieues chaudes donne au citoyen lambda une certaine forme de peur permanente : il ne se sent pas en sécurité dans son pays. La culture de la violence reste, pour la masse, sur les écrans de cinémas, à la télévision, sur Internet et dans les jeux vidéo. La plupart du temps, un Français évitera la confrontation physique directe. Mais il est à présent jeté brutalement face à la guérilla urbaine, au terrorisme et à la terreur, véhiculée et entretenue par l'immigration, principal fond de recrutement des djihadistes en France. Le problème n'est donc nullement dans la capacité des Français à accepter les étrangers, mais dans le refus de ces derniers à s'intégrer et à respecter les autochtones. Pour moi, il s'agit là aussi d'une forme de trahison et d'un sabotage social.

Il est important de bien saisir cette notion de trahison. Elle est multiforme et trouve toujours sa source dans l'inaction et/ou dans le mensonge, voire dans le déni des dirigeants et des figures publiques face à une réalité pourtant incontestable. On a délibérément livré la nation toute entière aux mains des radicaux musulmans, les concessions ont été trop nombreuses et l'inertie générale nous a menés à ce point de non-retour que nous pouvons voir aujourd'hui sans pourtant ne plus pouvoir rien y faire. Les politiciens de tout bord ont toujours eu ce sinistre réflexe de pousser le sujet de l'immigration sous le tapis, à l'instar de nombreux autres qui y sont directement liés. Dès les premières vagues, il aurait été possible de réagir, de prévoir les lames de fond qui allaient suivre, de même que le tsunami qui se dessine à présent à l'horizon. Mais plutôt que d'agir, nos politiciens n'ont fait que jouer avec les faits, exhiber un moment les sujets sensibles de toutes les manières possibles pour en faire des arguments de campagne servant leur accession au pouvoir. D'un point de vue pratique, rien n'a été ne serait-ce qu'entamé pour éviter la catastrophe générale que nous commençons tout juste à entrevoir. Les médias corrompus ou complices ont attisé ce brasier, privilégiant l'exhibition et le voyeurisme à l'étalage de la vérité.

Un exemple frappant et immanquable me conforte dans mon point de vue. A la suite des attentats meurtriers de Paris, les médias et leurs figures publiques se sont précipités pour affirmer que ces actes ne représentaient pas l'islam, suivis par les représentants officiels de cette religion en France. Comment oser dire cela alors que les fatwas *online*, les prêches aux mosquées, les livres islamiques et les sermons télévisés appellent unanimement à tuer les renégats* et à assassiner les impies* ? Comment peuvent-ils le réfuter alors que de nombreux prédicateurs affirment solennellement qu'il n'y a pas de contraintes dans l'islam, mais appellent aussitôt les bons musulmans à tuer ceux qui ont osé quitter le rang ? Comment cette barbarie ne représenterait-t-elle pas l'islam alors que ces mêmes oulémas* exigent que les musulmanes soient enfermées sous le voile, le niqab, la burqa ou le burkini ? Comment cette violence ne reflète-t-elle pas celle de l'islam alors que les musulmans parlent d'égalité entre les deux sexes, mais considèrent la femme comme inférieure ?

La contradiction est totale entre l'islam tolérant et miséricordieux, tel qu'il est présenté en façade, et celui véhiculé par les émissions télévisées qui condamnent les ex-musulmans et appellent quotidiennement à tuer juifs et chrétiens, allant même jusqu'à s'en prendre aux branches les moins virulentes au sein de leur propre religion. Où est la prétendue tolérance de l'islam quand ses adeptes déploient une telle barbarie qu'ils en viennent eux-mêmes à s'entre-déchirer, les sunnites appelant à tuer les chiites, et vice-versa ? Comment cet islam miséricordieux tolère-t-il les forums et les pages Web qui encouragent et promeuvent le terrorisme ? Pourquoi accepte-t-il que ses disciples diffusent des chansons des plus violentes sur les réseaux sociaux, appelant à décapiter les impies et à faire de leur crâne une échelle pour parvenir au paradis ? De quel droit ce même islam tolérant accepte-t-il de dénigrer les populations noires, fussent-elles musulmanes ? Au nom de quelle morale attribue-t-il aux assassins de civils le statut de résistants et aux auteurs d'attentats suicides le statut de martyrs ? Comment un islam qui se dit si tolérant condamne-t-il à mort ceux qui le quittent pour blasphème ?

Il n'est plus permis de fermer les yeux et de refuser de regarder la vérité en face. En réalité, loin de toute tolérance et miséricorde, l'islam est fondé sur le racisme, sur le rejet de la liberté, sur la violence et le terrorisme. La duplicité des musulmans n'est plus à prouver comme en atteste leur comportement lorsqu'ils se réjouissent des catastrophes naturelles et des massacres qui frappent d'autres peuples, qu'ils implorent Allah pour qu'Il extermine les impies. Comment peut-il en être autrement puisque l'islam leur enseigne la haine de l'autre ? De ce fait, les intellectuels musulmans les plus éclairés se sentent abandonnés par leur société, combattus à la fois par les régimes religieux, boycottés par les médias. Pis encore, ils mènent le combat en solitaire et ne peuvent pas compter sur le soutien du monde libre, occupé davantage à vouloir intégrer chez lui les radicaux qu'à défendre les opprimés tout en caressant les assassins dans le sens du poil. Là aussi, c'est une forme patente et indéniable de trahison.

Je pouvais comprendre le choc subi par les Français : ils n'avaient pas l'habitude du terrorisme, contrairement à moi qui l'ai côtoyé de près. Néanmoins, je ne pouvais pas tolérer la réaction de certains intellectuels et législateurs qui, par leurs discours, leurs actions politiques et leur entêtement à refuser de regarder le problème en face afin de le résoudre, l'ont largement favorisé. Ils ont sanctuarisé leur périmètre culturel occidental quand d'autres, plus francs mais pas plus actifs, donnent déjà leur démission face à cette situation en admettant publiquement qu'il est trop tard et que le mieux est de se faire à l'idée et de s'adapter. Ils ont considéré que les Orientaux étant des incultes, le meilleur moyen de les empêcher d'attaquer était de laisser les radicaux régner dans leur propre pays. Si c'est en partie vrai, que la plupart des soldats d'Allah se contentent de gober les prêches sans prendre la peine d'ouvrir le Coran, ils n'en restent pas moins des guerriers au service du dogme. Dans tous les cas, les dirigeants occidentaux ont cédé à une passivité intolérable qui aurait dû laisser la place à des réactions ayant pour but de soutenir les modérés et les éclairés pour promouvoir des valeurs civilisées et briser l'endoctrinement à sa base. C'est ainsi, et seulement de cette manière, qu'il aurait été possible de lutter contre l'extrémisme sur son propre terrain. Mais l'Occident a adopté des citoyens imbibés de la pensée radicale et a timidement tenté de les en sortir sans s'en donner les moyens ; il eut été préférable de les combattre et de les éradiquer.

Après chaque attentat, la tendance médiatico-politique est de nous servir les mêmes justifications pour minorer les conséquences des actes terroristes sur l'ensemble de la population et d'éviter soigneusement de trop s'attarder sur les victimes qu'il est plus facile de compter que d'humaniser. A chaque catastrophe, il y a cet étalage des faits et l'oubli volontaire de traiter le cœur du problème et ses raisons. Cette dure réalité accentue mon désespoir et mon abattement et relance mes interrogations.

Pourquoi cet aveuglement ? De quoi ces intellectuels ont-ils peur et pourquoi refusent-ils de prendre le problème à bras-le-corps ? Pourquoi refusent-ils de reconnaître que le principal et presque unique vecteur du terrorisme contemporain est l'islam ? Jusqu'à quand devrons-nous subir cette tromperie qui veut nous faire croire que « le terrorisme n'a pas de religion » ? Jusqu'à quand nous devons-nous tolérer cette trahison qui ne dit pas son nom ? Soyons objectifs et reconnaissons une fois pour toutes que si tous les musulmans ne sont pas des terroristes, tous les terroristes sont des musulmans. A l'évidence, les auteurs des attaques et tentatives contre des policiers, des prêtres, des commissariats, des églises, et des centres commerciaux sont sans exception des adeptes de l'islam. Pourtant les médias les ont quasi systématiquement présentés comme des cas sociaux, des malades relevant de la psychiatrie ou, mieux encore, comme des « loups solitaires », un terme très à la mode qui a l'avantage de ne rien vouloir dire.

Les attaques terroristes et les tentatives d'attentats se sont multipliées en France, depuis *Charlie* et tout au long de l'année 2016. Mais tous ont fermé les yeux sur cette vérité. Comme d'habitude, penseurs et politiciens, relayés par les médias, adoptent la politique de l'autruche. Ce déni de la réalité, combiné à l'absence de réaction, a conduit à la plus horrible attaque terroriste qui a visé les estivants assistant au feu d'artifice de la fête nationale du 14 juillet à Nice. Et toujours la même musique médiatique qui nous a servi la théorie selon laquelle le chauffeur du camion, qui a fait plus de quatre-vingts morts, des centaines de blessés et des milliers de traumatisés, était un déséquilibré en souffrance à la suite de son divorce. Ils ont ainsi voulu lui trouver une excuse en dissociant son acte barbare de son idéologie islamiste. Pourquoi les Français peinent-ils autant à ouvrir les yeux ? Vont-ils se réveiller trop tard, quand le loup, déjà depuis longtemps dans la bergerie, s'y sera installé en résident permanent ?

Deux affaires très récentes résument à elles seules toute la problématique et révèlent d'une part la duplicité des musulmans, leur hypocrisie et attestent d'autre part la complicité de ceux qui continuent à les défendre, sous le prétexte fallacieux de leur réussite et/ou de leur bonne intégration. Ou, pis encore, parce qu'ils sont tout simplement charmants. Ainsi, les affaires de Mehdi Meklat et d'Oulaya Amamra et leur activisme antisémite nauséabond, homophobe et raciste sur les réseaux sociaux, sous de fausses identités, tout en occupant la Une des médias pour leur réussite, prouvent que ces individus sont rattrapés par l'idéologie. Le plus surprenant et le plus consternant est de constater la mollesse des réactions de ceux qui les ont cautionnés et employés, et qui continuent à les défendre. Particulièrement dans l'affaire de Mehdi Meklat, je me pose des interrogations légitimes. Je ne sais pas ce qui est plus grave : les propos antisémites, homophobes et sexistes de l'individu ? *Mediapart* qui préfère parler d'attaques islamophobes contre « un enfant prodige » ? Le *Bondy Blog* qui a longtemps continué d'en faire un de ses chroniqueurs vedettes tout en ayant connaissance de ses propos ? *Les Inrocks* qui étaient également au courant, qui ont qualifié les tweets de Meklat de « drôles à mourir », mais qui, après la vague d'indignation que ces propos ont suscité, mentent effrontément en disant les découvrir ?

Le philosophe Pascal Bruckner est sans concession et affirme, dans *Le Figaro* du 24 février 2017 que « l'affaire Meklat et de *Bondy Blog* est le Titanic de la gauche branchée ». Pendant des années, les médias comme *Le Monde*, *Libération*, *Les Inrocks* et *Télérama*, sans oublier les radios publiques, ont encensé « la formidable vitalité de cet enfant des banlieues, si cocasse, si futé » qui se proposait, par la voix de son double maléfique de tuer des juifs, de sodomiser Madame Valls, de cracher sur Charb, de casser les jambes de Finkielkraut... Quel humour, quelle force ! Les chaisières de la gauche antiraciste se gondolaient, rien qu'à le lire. Il a fallu le courage d'une internaute républicaine et athée pour que l'abjection soit révélée.

L'affaire Mehdi Meklat ne passera pas inaperçue et elle a le mérite de révéler au grand jour que les membres issus de minorités dites « discriminées » peuvent aussi commettre des discriminations, qu'ils peuvent aussi être racistes, antisémites, homophobes et misogynes. Et le philosophe a mis le doigt sur la plaie : « Le raisonnement du tiers-mondisme est toujours le même : les opprimés sont innocents par nature. De père en fils, le statut de victime se transmet, ce qui permet à celui qui dispose de ce statut de n'être jamais ni responsable ni coupable. C'est une monstrueuse supercherie. »

Il est triste de constater que certains médias se rendent consciemment ou inconsciemment complices de cette duplicité. Dans une interview à *Télérama*, Mehdi Meklat a eu le culot de se déclarer victime de la « fachosphère »... dont il fait partie, comme il fait partie de ce front, très à la mode, de la lutte contre « l'islamophobie ». Il est consternant d'assister au masochisme qui s'empare de certains médias français qui, au lieu de dénoncer les faits dont s'est rendu coupable Mehdi Meklat, s'emploient à les occulter et à innocenter leur auteur en allumant un contre-feu et en le présentant comme victime d'un complot islamophobe ourdi par la « fachosphère ». J'ai du mal à comprendre ce comportement irresponsable de ceux qui sont censés informer l'opinion publique et forger la génération future, mais qui, au final, l'endorment et l'anesthésient pour mieux la décapiter.

Ce sont les mêmes qui, dans les années 1930, ont refusé de croire au danger du nazisme jusqu'à ce que ce dernier envahisse impunément l'Europe avant de la saigner à blanc, dans la cécité générale et volontaire, offrant finalement Paris aux armées d'Hitler ? Mais aujourd'hui, c'est une autre forme de guerre, très différente de la *Blitzkrieg** mais toute aussi dangereuse, qui nous menace. Les drapeaux et les symboles affichés sont certes différents mais tout aussi mortifères. La France ne voit rien venir car ses dirigeants regardent l'islam à travers leur propre culture, que leurs orientations soient de gauche ou libérale. Leur erreur est de s'obstiner à refuser d'accepter une vérité qui pourtant crève les yeux : les musulmans ne sont ni progressistes ni libéraux et appartiennent à l'islam avant tout. Ce communautarisme acharné va bien plus loin que leur origine, leur nationalité et leur liberté individuelle.

Ainsi, après avoir attaqué les valeurs de la Révolution française et la liberté d'expression, après s'en être pris au mode de vie des Français au Bataclan et au Stade de France, voilà que les islamistes se sont attaqués aux valeurs de la République, visant directement la date symbolique du 14 juillet. Il s'agit sans aucun doute d'actes commandités, préparés par des individus isolés qui se saisissent de la première occasion pour frapper, selon les consignes données par les leaders des principales organisations terroristes. Ce nouveau mode opératoire, mis en lumière par des spécialistes, dont Alain Bauer, a été nommé « *lumpenterrorisme* ». Il répond aux attentes des leaders islamistes qui, de plus en plus entravés dans leurs manœuvres, ont décidé de dissocier les bras armés des têtes pensantes. Ce type d'acte aussi imprévisible que spontané, difficile à anticiper, est appelé à se produire. Aussi longtemps que le discours sélectif qui tend à montrer l'islam comme une religion de paix, d'amour et de miséricorde sera en vogue, et tant que des sourates dites modérées seront mises en avant pour occulter les versets guerriers qui appellent au djihad, de telles démonstrations de force et de volonté de nuire se multiplieront.

Pour être objectif, je dois reconnaître que les religions ont toujours usé de la violence, c'est indéniable et vérifiable à travers l'Histoire. Toutes les croyances ont été à l'origine d'horreurs commises contre des civils innocents dans leurs tentatives d'édifier des Etats. Elles ont agressé, combattu et tué. Mais c'était il y a des siècles. Aujourd'hui, il n'y a plus que l'islam qui pratique, revendique et assume encore ces pratiques. Il n'y a plus lieu de minimiser sa responsabilité. L'objectivité impose de reconnaître que si les musulmans s'offusquent des caricatures de leur prophète et des critiques qui visent leur extrémisme, ils n'éprouvent aucun scrupule quant aux décapitations, aux attentats et aux crimes de masse commis au nom de leur dogme.

Il est évident qu'il n'est plus question d'accuser ou non l'islam de cette barbarie culturelle : il est déjà désigné coupable et ses leaders le confirment ouvertement, sans remords ni scrupules. Le temps du questionnement est passé, il est à présent grand temps d'agir aussi radicalement contre les guerriers du djihad islamique et leurs meneurs que ceux-ci nous tirent comme des pigeons. Et ceux qui veulent les défendre doivent trouver de nouveaux arguments ; le mythe de la religion de paix et d'amour est bel et bien mort. Ces façades, qui n'ont jamais été vraiment crédibles, ne convainquent plus personne.

Pour pouvoir trouver des raisons de défendre l'islam, il faut l'aider à se renouveler, à se réformer et à s'humaniser. Il faut démanteler son totalitarisme et le fascisme qui le caractérise. Car si le terme peut choquer, le parallèle entre fascisme et islamisme est plus qu'évident[1]. Le sectarisme, l'intolérance et l'activisme

1 Pour plus d'informations, je vous conseille de vous référer à l'ouvrage de Zineb El Rhazoui *Détruire le fascisme islamique* paru aux éditions Ring en 2016.

sont trois traits communs, mais ce ne sont pas les seuls. Il est indiscutable que le fanatisme et la volonté de propagande, ainsi que les notions de supériorité et d'exclusivité idéologique lient ces deux formes de dictatures. Condamnations arbitraires de tout ce qui ne va pas dans le sens du mouvement imposé, évincement radical de toute forme d'opposition, prise de pouvoir par tous les moyens ; le rapprochement n'est plus à démontrer. Alors, comme dans tous les mouvements à caractères fascistes qui ont existé, il ne faut attendre aucune solution venant de l'intérieur. Les seules options sont la démystification et l'aide active aux éléments résistants.

L'unique option pour le monde libre, quand le reste a échoué, c'est la guerre totale. Un écrasement impitoyable de la part des nations libres.

Si l'on veut éviter cette alternative extrême mais nécessaire, il faut soutenir les musulmans éclairés à combattre l'islam politique pour ramener la foi à son rôle purement spirituel. Il faut éclairer la jeunesse pour la pousser hors de cet endoctrinement et briser cette confusion entre religion et communauté en forçant à la séparation entre le clergé et l'Etat, comme la chrétienté a su le faire définitivement en 1905. Il faut également mettre un terme à la duplicité de l'islam en interdisant les prêches engagés, l'usage sélectif des sourates prosélytes et la diffusion permanente des versets bellicistes.

Comme je l'ai expliqué dans mon premier livre, le Coran est constitué de deux parties, l'une « mecquoise » et l'autre « médinoise », deux mangeoires dans lesquelles les musulmans piochent alternativement, en fonction des opportunités apportées par l'une ou l'autre. Quand ils sont faibles, ils utilisent la partie mecquoise, mais quand ils retrouvent la puissance, ils se servent de la version médinoise, plus agressive. Tout comme ils reconnaissent l'existence des sourates pacifiques, ils doivent admettre que le Coran est miné par de nombreuses autres, indiscutablement guerrières et offensives, qui appellent à la destruction. Sans cette reconnaissance, il sera impossible de résoudre le problème de la violence, intrinsèquement liée à la foi. A l'évidence, la politique de l'autruche encourage, par son inaction, cette violence et ce terrorisme qui se nourrissent dans les lignes d'un Coran bicéphale et suffisamment obscur pour se plier à de nombreuses interprétations. Les islamistes, et plus généralement les musulmans communautaristes, y trouvent une légitimité à leurs actions les plus odieuses, d'autant que la *Sunna**, les *Hadiths** et les *fatwas** viennent renforcer cette idéologie autocrate. C'est dès le plus jeune âge que ce conditionnement commence : ces vecteurs de violence sont enseignés à l'école, dispensés à la mosquée et relayés par les télévisions satellitaires et sur le Web. Les promoteurs de l'islam totalitaire, comme les Frères musulmans, les salafistes et autres mouvements radicaux, sunnites et chiites, s'appuient sur un vaste réseau d'institutions et d'associations pour répandre l'idéologie du dogme. Les musulmans en France ont une grande responsabilité dans l'expansion de ce phénomène puisqu'au lieu de s'adapter à leur pays d'adoption, ils y ont réimplanté l'idéologie, les mœurs, les coutumes et les traditions de leur pays d'origine qu'ils avaient pourtant fuies.

Ils réclament des droits que la laïcité française avait arrachés à l'Eglise. Ils se sont radicalisés dans leur appartenance religieuse dans un pays laïque qu'ils avaient rejoint en tant que paradis sur terre pour finir par le transformer en enfer. Ils ont exploité la liberté religieuse en France afin d'y imposer leur propre religion. La France n'est donc pas victime de son passé colonialiste ni du traitement qu'elle réserve aux musulmans, elle est victime de la liberté qu'elle a offerte aux islamistes et aux djihadistes pour mener leur prosélytisme. Leur enseignement a conditionné de très nombreux musulmans et les a préparés à la guerre religieuse, les transformant en bombes à retardement et en kamikazes. J'espère que cette situation ne débouchera pas sur une guerre globale, bien que ce scénario semble chaque jour de plus en plus inévitable, d'autant que c'est le but recherché par les plus radicaux.

LES ILLUSIONS

Depuis la création du Conseil des ex-musulmans de France, et jusqu'à la publication de mon premier livre, j'ai eu l'occasion de rencontrer de nombreuses personnes qui partageaient mes idées et qui avaient toutes quitté l'Islam, revendiquant et validant ainsi leur athéisme et leur séparation d'avec la communauté inextricablement liée à la foi. Nous avions en commun des appréhensions et des craintes quant à l'avenir face au danger qui nous guette. Pourtant, nombreux sont ceux qui n'osent pas l'afficher par peur des représailles et pour éviter d'être accusés de trahison, voire d'apostasie* à l'égard du dogme. D'autres sont actives sous de fausses identités pour éviter les problèmes, pour épargner à leurs familles les pressions de la communauté ou encore pour ne pas perdre leur emploi. En France, les athées d'origine musulmane se sentent marginalisés dans leur combat culturel et idéologique. Ils sont relativement nombreux à vivre en banlieue parisienne, où je me suis souvent rendu pour m'entretenir avec eux et les soutenir dans leurs convictions.

Mes déplacements dans ces quartiers m'ont permis, au passage, de constater l'islamisation de ces zones de non-droit. J'ai vu de très près les difficultés liées au refus d'intégration globale de la large majorité, plus ou moins profondément engagée dans l'islam communautaire, l'imperméabilité volontaire à la culture et aux valeurs françaises, ainsi que la sanctuarisation générale. J'ai découvert une grande ressemblance entre les habitants de ces quartiers et ceux des pays arabes et musulmans d'origine, en cela qu'ils ont conservé leurs coutumes et traditions, qu'ils les ont imposées dans leur milieu d'adoption tout en vivant dans l'illusion de l'intégration.

Ils flottent dans une bulle étanche, recouverte de nombreuses facettes déformantes, et veulent laisser croire qu'ils ne sont en rien différents du reste de la population mondiale. De ces fourvoiements ont résulté les événements qui ont marqué et endeuillé la France ces dernières années, qu'il s'agisse du terrorisme ou de l'extrémisme qui le véhicule et l'alimente.

Au sein de cette idéologie, les illusions sont nombreuses et permettent ce flottement entre deux modes de vie. C'est ce qui contribue à l'accroissement du fossé culturel, assez progressif pour ne pas alerter mais trop net pour alarmer un regard éclairé.

L'ILLUSION DE LA RÉCONCILIATION

Les relations entre l'islam et l'Occident sont ancestrales et remontent à leur cohabitation mouvementée avec l'Empire byzantin. Depuis, les relations n'ont cessé d'évoluer à travers les invasions, les conquêtes islamiques, les croisades, la colonisation et, plus récemment, l'immigration.

Paradoxalement, à la fin de la colonisation, les musulmans ont immigré en Occident pour fuir la détresse, la famine, les crises et les guerres qui ont frappé leurs propres pays. La suprématie de l'Occident face à l'islam a fortement irrité les musulmans qui se considèrent, de par le Coran, comme la meilleure communauté potentielle et qui affichent la fierté de leur appartenance. Or, leur régression face à l'Occident les a secoués ; leur réveil fut brutal et douloureux. Mais leur attachement à l'Islam et à ses traditions, incompatibles avec la modernité occidentale, les a empêchés de progresser. Ce phénomène est même visible dans les banlieues françaises, au sein des populations issues de l'immigration, bien que les nouvelles générations qui peuplent et dirigent ces quartiers soient nées en France. Ainsi, on y trouve des adolescents qui refusent d'appartenir à la société française, mettant en exergue leur appartenance à l'islam. Ballottés entre délinquance et islam, ces nouveau-nés des *no-go zones* peuvent rester longtemps entre les deux, attendant que le vent tourne pour rallier la communauté.

Une enseignante de banlieue me confiait que les enfants issus de familles islamiques sont fiers d'être musulmans et tiennent à le faire savoir. Ils s'y réfugient en effet pour combler leur retard civilisationnel. Au lieu de progresser, ils se projettent dans le passé glorieux de leur religion en mettant en application le discours religieux qui les nourrit et en minimisant l'utilité du progrès. Leur complexe d'infériorité accélère leur basculement dans la violence verbale et intellectuelle, puis dans la brutalité pure et simple. Leur recours à cette extrémité, au nom de la religion, devient ainsi un marqueur identitaire destiné à faire parler de la foi en tant qu'élément indissociable de la communauté. Conformément aux textes, l'islam devient leur dignité et enflamme leur orgueil. D'où l'expression récurrente : « Pas de dignité sans l'islam » (*La izzata lana illa fil islam*).

Pis encore, ils se présentent toujours comme des victimes, des opprimés et des exclus au nom de leurs convictions réductrices, une façon spécifique de mieux victimiser et défendre cette appartenance religieuse. L'islam devient ainsi leur raison de vivre, à la fois leur religion, leur identité, leur culture, leur civilisation et leur ethnie. Il perd *de facto* son statut de simple croyance, laquelle est d'ores et déjà incompatible avec le monde moderne puisqu'elle refuse de s'adapter. L'islam, né il y a 1 400 ans, est resté figé et prône l'application, au XXIe siècle, des préceptes qui avaient cours au VIIe siècle. Les radicaux s'y attachent et singent la vie du prophète, avec ses crimes et ses destructions qui suscitent les louanges de la *Oumma*. Ne pouvant pas accompagner le progrès, elle tente de le détruire.

La lecture de l'histoire des relations entre l'islam et l'Occident montre qu'il s'agit d'une connexion conflictuelle et séculaire entre deux entités diamétralement opposées. Mais cette longue histoire a été marquée par des alliances tactiques de circonstances, à l'exemple de celle qui a réuni les Américains et leurs alliés, durant la guerre froide, avec les pays et organisations islamistes afin de combattre l'URSS de façon indirecte. Les islamistes ont servi de carburant au conflit entre le capitalisme et le communisme et ont fini par épouser le djihad au nom d'un présumé Califat qui n'est en réalité rien d'autre qu'un rassemblement de terroristes venus d'horizons différents.

Un autre exemple de ces alliances est celui qui a réuni Occident et islamistes pour combattre le nationalisme arabe incarné par Gamal Abdel Nasser en Egypte. Anouar el-Sadate, qui a longtemps soutenu les islamistes pour éradiquer le nassérisme, en a payé le prix de sa vie, assassiné le 6 octobre 1981 par ceux qu'il avait défendus. Des scénarios similaires se produisent aujourd'hui dans plusieurs pays où les régimes promeuvent les salafistes pour combattre l'idéologie des Frères musulmans, mais le résultat prévisible sera le même : les victorieux, quels qu'ils soient, se radicaliseront et finiront par imposer leur diktat. L'exemple des printemps arabes, révolutions culturelles ayant systématiquement tourné en dictatures, est éloquent.

L'histoire nous enseigne en effet que les choses commencent par la transformation des musulmans en islamistes, puis inéluctablement en terroristes. Les Occidentaux s'interrogent bêtement : comment les djihadistes sont-ils nés ? D'où sont-ils venus et comment sont-ils arrivés parmi nous ? Pourtant, la réponse est claire : c'est le résultat de la radicalisation et de la sanctuarisation de l'islam, en marge de la société occidentale, pour générer des environnements favorables au raffermissement, à travers des faits et gestes anodins. Cette maximalisation commence, par exemple, par la simple interdiction de dire « *Allô* » au téléphone. Il est suggéré aux musulmans de dire « *Assalam alekoum* » *.

Il s'agit des fondations primaires sur lesquelles est bâti l'islamisme radical, parallèlement à l'enseignement du Coran, de la *Sunna* et des *Hadiths*. A force de répéter aux fidèles les sourates prônant le djihad, qui est au centre de la croyance du bon musulman, les prédicateurs ont fini par fabriquer des barbares de la foi. Il n'y a aucune exception puisque toutes les écoles musulmanes, qu'elles soient sunnites (hanbalites, chafiites, wahhabites), chiites ou soufies, prônent ce djihad et appellent à la guerre sainte au nom de l'islam.

Mais tous les musulmans ne sont pas logés au même niveau de piété. Il convient en effet de faire la distinction entre les djihadistes, les salafistes, les islamistes et les conservateurs. Néanmoins, il faut admettre que la frontière entre ces catégories est très perméable, faisant d'elles des vases communicants dans lesquels il est très aisé au musulman de naviguer au gré des opportunités, d'autant que toutes ces catégories puisent leur idéologie à la même source, le Coran. C'est ainsi qu'on trouve de simples citoyens musulmans, rompus aux plaisirs de la vie, fréquentant les clubs, consommant de l'alcool et de la drogue, basculer en un laps de temps très bref dans l'extrémisme et le terrorisme. C'est une fatalité : l'islam est leur carburant et le Coran leur guide. Ce basculement est d'autant plus rapide que les moyens de communication, les réseaux sociaux et les prêches appelant à la violence prolifèrent à grande vitesse. Des réseaux comme Facebook, Twitter et des outils comme Dailymotion ou YouTube, et plus généralement Internet, deviennent des moyens de propagande et d'endoctrinement très performants. Une fois encore, le rejet de la modernité n'est une nécessité que lorsque les leaders n'en ont pas besoin.

Malgré leur antagonisme, l'Occident et l'Orient islamique se sont également alliés sur le plan économique, principalement pour des intérêts pétroliers. C'est ce qui a transformé le désert qu'était l'Arabie saoudite en l'un des pays les plus riches de la planète, à l'instar des autres monarchies et dictatures du Golfe. Cette manne financière a largement contribué à l'expansion de l'islam wahhabite saoudien à travers le monde. L'argent du pétrole a financé les médias, les mosquées, les écoles coraniques et autres associations, souvent bien au-delà des frontières des pays concernés, qui en retour ont promu cet islam rigoureux. Ajoutons à tout cela les financements directs, étatiques ou privés qui ont longtemps alimenté le terrorisme – et qui alimentent encore aujourd'hui certaines branches de cette mouvance – pour servir les intérêts régionaux des généreux donateurs.

L'ILLUSION DE L'INTÉGRATION

Malgré ces alliances de circonstances, aucune entente durable n'a pu exister entre l'Occident et l'islam sur le terrain culturel, civilisationnel et idéologique. Le camp oriental est attaché à ses croyances basées sur un texte figé, sclérosé, et l'islam français est l'objet de nombreuses querelles entre les pays d'origine qui veulent s'approprier ce terreau prometteur. Si la France a connu des périodes de contact étanche et lointain, parfois belliqueux, avec les populations musulmanes depuis Charlemagne, tout a subitement basculé à l'issue de la décolonisation : le pays s'est alors mis à l'absorber. L'arrivée massive d'immigrés d'Afrique du Nord sur son territoire, en grande partie encouragée par le gouvernement à la recherche d'une main-d'œuvre bon marché, s'est faite maladroitement, à une vitesse vertigineuse et sans aucune réflexion sur les conséquences à long terme. Avec une irresponsabilité incroyable, la ghettoïsation s'est mise en place comme une évidence. En imaginant qu'une intégration naturelle se ferait rapidement, comme ce fut le cas avec les Italiens et les Espagnols avant eux, les responsables de cette initiative ont oublié de prendre en compte un facteur pourtant primordial : la différence de culture. Ce n'est que depuis la radicalisation islamiste impulsée par la Révolution iranienne que la France a vaguement ouvert les yeux et remarqué la présence en son sein de la plus grande population musulmane d'Europe. Rien n'a cependant été fait, aucune remise en question ni l'esquisse d'une inquiétude qui aurait pourtant été aussi légitime et nécessaire que salutaire. La gauche, avec sa prise de pouvoir en 1981, n'a fait que laisser encore davantage pourrir les choses.

Comme souvent, la fumée n'a pas suffi : il a fallu des flammes pour créer un léger sursaut.

Les prises de conscience qui se sont multipliées ces dernières années, ainsi que les débats sur l'intégration des immigrés, ont enfin révélé au grand jour la problématique de l'islam en France. Pourtant, l'inaction politique maladive s'est prolongée et aucune action gouvernementale sérieuse n'a été lancée.

Ce débat s'est légèrement amplifié à la suite des attentats du 11 septembre 2001 jusqu'à l'émergence de Daech. Les répercussions de ces tragédies historiques majeures qui ont jalonné le parcours de l'islamisation radicale ont eu un impact certain sur la communauté musulmane de l'Hexagone, de plus en plus revendicative et radicalisée, sans que rien ne vienne briser l'inertie de nos dirigeants.

Le débat est d'autant plus problématique que les structures officielles des musulmans peinent à les représenter. Ils sont essentiellement liés à leur pays d'origine, particulièrement au Maroc, à la Turquie et à l'Algérie, ainsi qu'à des courants islamistes comme les Frères musulmans et les salafistes qui se concurrencent dans la formation de l'islam radical en France. Ces organisations, censées gérer les différentes mosquées et représenter les croyants et pratiquants, sont restées otages de l'influence des puissances étrangères et des contraintes qu'elles imposent, empêchant la création d'un véritable « islam de France » et, plus généralement, l'intégration des musulmans dans la République figée. Les organisations islamistes radicales sont toujours parvenues à s'infiltrer, se placer, et s'enraciner pour finalement se révéler lorsque les fidèles, dans leur large majorité, se sont finalement ralliés à leur cause ; dans ces conditions, tout a été encore plus facile.

A cette terrible fatalité s'ajoute la demande de visibilité et d'affirmation identitaire des musulmans, mais surtout la rupture revendiquée avec la société française et son système politique. Sur les cinq millions de Français supposés musulmans, près de 90 % revendiquent leur appartenance à l'islam (marqueur identitaire), tandis que 61 % seulement des Français supposés catholiques se revendiquent de cette religion. Cet écart est appelé à s'intensifier puisque l'islam est très dynamique et conquérant. Les conversions ou entrées en islam de la part d'anciens chrétiens ou d'athées sont nombreuses. Il n'est pas rare de voir des Français de pure souche revêtir la tunique et se laisser pousser la barbe. Loin des idées reçues qui laissent croire que ces révélations se font principalement en prison, de la part de citoyens isolés ayant besoin d'une protection, la réalité est toute autre. L'école, la vie de quartier, le mélange des cultures : autant de points de départ vers une conversion à l'islam qui, dans la majeure partie des cas, prend la direction d'une branche radicale. C'est d'autant plus plausible que les Frères musulmans, représentés par l'UOIF (Union des organisations islamique de France), ont réussi à s'imposer solidement dans le paysage français et à renforcer leur position depuis les années 1980. Dans les années 2000, ils ont gagné en respectabilité au sein de l'islam de France et leur rapprochement avec Nicolas Sarkozy, sous l'impulsion du Qatar, leur a permis de figurer parmi les principaux fondateurs du CFCM (Conseil français du culte musulman). L'islamisation de Français, de naissance comme d'origine, n'est donc plus marginale, les conversions sont appelées à se multiplier. Malgré son acclimatation et son adaptation au terrain français, l'UOIF n'a pas perdu de vue le projet d'islamisation prôné par la confrérie des Frères musulmans qui a fortement investi dans des projets éducatifs à travers ses propres facultés de théologie. Ajoutons à cela le développement de collèges et lycées confessionnels tout en accentuant le travail de terrain à travers les œuvres caritatives, débordant largement sur le terrain de la laïcité, et la boucle est bouclée. Ce travail de fonds correspond au projet de l'islam politique porté par les Frères musulmans, dont le but affiché depuis leur création en 1928 par Hassan al-Banna, est le rétablissement du Califat et la concrétisation de l'unité perdue de la *Oumma*, indépendamment de la nationalité des musulmans. Pour y parvenir, ils préconisent une islamisation par le bas, par un travail de charité et d'éducation des masses qui doit mener à terme à la prise du pouvoir dans les pays musulmans. Leur projet s'apparente ainsi à une révolution à l'échelle mondiale et prend la forme d'une conquête dans le but d'étendre sur le monde l'Empire de l'*Islamistan*.

Les Français musulmans sont aujourd'hui à l'épreuve de toutes ces tendances contradictoires. Les salafistes, défenseurs d'un rigorisme religieux soumis au pouvoir temporel, s'opposent aux djihadistes, partisans de Daech. Pendant ce temps, la majorité de la nouvelle génération de Français musulmans est caressée par le communautarisme prôné par Tariq Ramadan, petit-fils et héritier idéologique d'Hassan Al-Banna. Le rêve de Ramadan est de transformer la communauté musulmane de France en une organisation puissante pour peser dans le débat public, influer fortement sur la politique et avancer vers la concrétisation de la *Oumma*. A travers la promotion du communautarisme, il cherche la reconnaissance de la communauté musulmane par la collectivité nationale. En bon stratège, il développe une stratégie fondée sur l'usage de l'islamophobie, terme qu'il cherche à imposer comme l'équivalent symbolique de l'antisémitisme et dont il fait le cheval de bataille de sa lutte. Dans ce but, il a créé le CCIF (Collectif contre l'islamophobie en France) qui s'inspire directement du CRIF (Conseil représentatif des institutions juives de France).

Ce communautarisme prôné par l'UOIF ne s'arrête pas là. Ses interventions sur le terrain visent à préparer les esprits pour doter la communauté d'un véritable poids électoral et encourage les musulmans à s'inscrire sur les listes afin de faire pression sur les élus et de leur arracher, en retour, d'importantes concessions. Construction de mosquées, aménagement des horaires de piscine, installation de salles de prière dans les entreprises et toutes autres donations possibles seront réclamées et considérées comme un dû ; chaque obtention sera un morceau de terrain gagné dans cette conquête politique. L'UOIF a également créé plusieurs écoles, collèges et lycées islamiques et un institut universitaire théologique pour former les élites musulmanes appelées à encadrer la communauté dans un futur proche. Un véritable travail de fond. Cette tendance va toutefois à l'encontre de l'idéologie salafiste qui considère le vote comme une allégeance à la démocratie, une forme de mécréance.

Dans ce contexte de divisions qui définissent la communauté musulmane en France, des querelles des minarets aux intérêts divergents des pays d'origine (Algérie, Maroc, Turquie, Afrique subsaharienne...) et aux courants idéologiques (salafistes, Frères musulmans, wahhabites, djihadistes, etc.), les institutions islamiques ne représentent que le tiers des mosquées de l'Hexagone. Les autres dépendent directement des pays étrangers ou sont gérées clandestinement par les organisations extrémistes. Le plus important des clivages provient des origines nationales diverses des musulmans de France. En plus des profondes différences ethniques et culturelles entre croyants arabes, turcs ou encore noirs, ces divisions nationales ont une réalité politique à l'intérieur de la communauté musulmane de France. C'est en grande partie ce qui empêche toute tentative d'y mettre de l'ordre et anéantit les efforts d'intégration. Et c'est d'autant plus vrai que, comme je l'ai expliqué, les zélotes refusent cette « dissolution » par rejet des lois terrestres, les moins radicaux y souscrivent par opportunisme pour mieux s'en servir et les djihadistes rêvent de les détruire. Ce phénomène laisse peu de marge de manœuvre aux musulmans pacifistes qui cherchent réellement à s'intégrer dans la société française. Par peur des représailles ou par intimidation, ils taisent leurs convictions et n'osent pas dénoncer les horreurs commises par les extrémistes tant que ces actes, aussi barbares soient-ils, trouvent une vague justification dans le Coran.

L'islam, comme toutes les idéologies totalitaires, ne tolère aucune critique et nourrit la théorie du complot et l'exclusion de l'autre, qu'il soit un « infidèle » ou un musulman d'une autre obédience. Le conflit entre sunnites et chiites en atteste : ces deux franges de l'islam et les courants qui militent à l'intérieur de chacune d'elles prônent la même finalité et pratiquent la même violence. Si les sunnites radicaux œuvrent pour retrouver la « gloire de l'islam d'antan », les chiites préparent le retour de « l'imam al-Mahdi » et l'établissement de leur « Etat promis » dont la capitale serait Téhéran. Si les musulmans ne se tolèrent pas entre eux, comment peut-on s'attendre à ce qu'ils cohabitent avec l'Occident, sa culture, sa civilisation et ses valeurs ? Comment s'attendre à ce qu'ils acceptent les intellectuels musulmans éclairés qui tentent de réformer l'islam et d'y promouvoir le progrès pour rattraper leur retard civilisationnel ? Ces élites sont systématiquement arrêtées, torturées ou exilées. L'islam se referme sur lui-même, se radicalise et rêve, plus que jamais, de ramener la communauté 1 400 ans en arrière en imposant les textes de cette époque comme des lois incontournables et des vérités absolues.

L'ILLUSION DE LA MODERNITÉ

En arrivant en France, j'ai découvert le terme de « musulman modéré », alors que dans ma Cisjordanie natale, ce terme n'existe pas, comme il n'existe pas dans les autres pays arabes et musulmans. Son usage excessif en France est lié à la tentative de redorer l'image de cette religion et de la séparer, au moins en façade, des courants radicaux et ainsi la rendre présentable. Il s'agit d'une supercherie. Par définition, il n'y a pas d' « islam modéré ».

En effet, si je devais malgré tout définir cette étiquette, le terme concernerait alors la religion qui se pratique entre les fidèles et leur Dieu dans une relation verticale, et non pas celle qui s'immisce dans la vie privée des fidèles et, pire, des non-fidèles en cherchant à les convertir par la force. La forme modérée n'est pas celle qui cherche à imposer le jeûne et à châtier ceux qui mangent pendant le Ramadan, ni celle qui impose une tenue vestimentaire liberticide aux femmes. Les théologiens affirment d'ailleurs que l'islam est « un et indivisible » et ne peut pas être pratiqué de façon sélective ; à elle seule, cette caractéristique fondamentale et indissociable du dogme prouve qu'il ne peut pas y avoir d'islam modéré. La supercherie se poursuit à travers les tentatives persistantes de différencier l'islam de l'islamisme. Face aux radicaux, les tenants de cette distinction s'efforcent de parler d'un islam modéré, pacifique, démocratique et moderne, jusque-là introuvable. Beaucoup de politiciens, d'intellectuels, d'activistes et de simples citoyens, musulmans ou non, commettent cette erreur d'appréciation et découvrent à leurs dépens la stérilité du terme.

En effet, le croyant pratiquant ne peut pas transgresser les quatre fondements de la *charia* qui s'appliquent sur tous les musulmans :

La *charia* relève de la vérité absolue. Les paroles du prophète et ses compagnons doivent être scrupuleusement suivies sans hésitations, doutes ou interrogations. Le Coran est l'œuvre de Dieu le créateur et il est interdit d'y ajouter ou d'en supprimer une seule lettre. Dieu a créé la terre et a envoyé son messager pour y répandre la *charia*. La terre entière doit l'épouser. Dieu ne reconnaît que l'islam, le reste relève de la mécréance.

La *charia* propose des solutions à tous les problèmes, d'où l'invention du slogan longtemps utilisé par les islamistes « *Al-Hall houa al-Islam** ». Pourtant, à travers l'histoire, l'application de la *charia* n'a jamais apporté la solution à la moindre crise. Les radicaux justifient cet échec par sa mauvaise application.

L'islam apporte le « miracle scientifique » et le Coran inclut toutes les sciences. C'est ainsi que certains *oulémas* s'accaparent les découvertes scientifiques et affirment que le Coran les avait déjà évoquées. Pourtant, certains parmi eux continuent de croire que la terre est plate et que c'est le soleil qui tourne autour d'elle. Pour eux, le soleil se couche dans un bain de boue et se lève le matin sur ordre de Dieu le créateur, car toutes ces métaphores insolites figurent dans le Saint Livre.

Le Coran, affirme le prophète, a créé la meilleure société pour les hommes, mais surtout la seule qui soit moralement acceptable. Les autres peuples sont donc des mécréants qu'il convient de convertir ou de tuer.

UNE FOI COMMUNAUTARISTE

Dans ces fondements, applicables à tous les musulmans, où qu'ils vivent et d'où qu'ils viennent, réside le cœur du problème. La foi et la culture musulmanes formatent les fidèles, les transforment en bombes à retardement potentielles et préparent les irruptions des crises sociétales, identitaires, confessionnelles et politiques. Les exemples contemporains qui confirment ce cheminement ne manquent pas et l'illusion d'une réforme et d'une modernisation de l'islam est entière.

Comment confier cet exercice aux institutions musulmanes qui répandent cette même *charia* et qui continuent de distinguer la piété de la mécréance, y compris au sein de la communauté ?

Les exemples qui en attestent sont légion.

FATWAS CONTRE DÉMOCRATIE

Depuis que les islamistes ont investi le champ politique, avec leur slogan « *Al-Hall houa Al-Islam** », ils affirment leur attachement à la gouvernance islamique qui représente Allah sur terre. Ils affichent leur opposition franche à la modernité dans tous ses aspects : la philosophie, la laïcité, la société civile et la démocratie. Ils recourent systématiquement aux *fatwas*, ces décrets religieux arbitraires, pour la contrer, prétextant qu'il s'agit d'une institution gérée par les lois humaines qui ne peuvent en aucun cas primer sur la loi divine. Ils appliquent ainsi la parole de Mahomet : « *Je vous laisse le Livre (Coran) et la Tradition (vie du prophète). Si vous les respectez, vous êtes sauvés.* » Ainsi, le pouvoir revient à Dieu, à travers ses vicaires autoproclamés, représentés par les *oulémas* qui imposent, encore au XXI e siècle, des *fatwas* d'un autre temps. Ce phénomène enfante des troupeaux entiers de fidèles soumis qui obéissent aveuglément aux *fatwas* et qui vénèrent les *oulémas*, les guides ou Wali Al-Amr (tuteur). Pour parvenir à leur fin, les islamistes louvoient et acceptent de participer opportunément à la démocratie, comme ce fut le cas dans certains pays ayant pris part au « printemps arabe ». Mais cette participation n'aura été qu'une façade, destinée à profiter temporairement du système pour mieux prendre le pouvoir et s'y maintenir. Parmi les exemples flagrants de cet arrivisme au travers de la démocratie figure en premier lieu la révolution iranienne qui a permis au clergé chiite d'instaurer la République islamique dans un décor démocratique. Le pouvoir absolu y est détenu par le Guide, individu choisi ou autoproclamé pour son orthodoxie dans l'islam. Le Hamas à Gaza a utilisé la même méthode, tout comme Omar Al-Bachir au Soudan et les Talibans en Afghanistan.

Les islamistes actifs en Europe recourent aux mêmes méthodes. Ils exploitent la démographie, la laïcité et la démocratie pour progresser et obtenir des concessions. Il est frappant de constater que ces mêmes islamistes acceptent de cohabiter avec la laïcité en Occident tant qu'elle sert leurs intérêts mais la rejettent catégoriquement dans leur pays d'origine car elle est « contraire à l'islam ».

La vie des musulmans est rythmée et gérée par les *fatwas*. Il suffit qu'elle vise un individu pour trouver des centaines de candidats désireux de l'appliquer, y compris quand il s'agit d'exécution. De nombreux scientifiques et intellectuels éclairés qui ont appelé à moderniser l'islam, critiqué certains de ses enseignements ou défendu le concept de la laïcité en ont fait les frais. Citons notamment Faraj Foda, Najib Mahfouz, Nasr Hamad Abou-Zeid et Salman Rushdi.

Les musulmans en Europe n'échappent pas à la règle. Leur vie est régulée par les *fatwas* dispensées par les télévisions satellitaires, par les imams considérés comme purs qui officient dans les pays d'origine, ou par des sites Internet dédiés comme *fatwaonline*. Les *fatwas* ont ainsi supplanté les lois républicaines et couvrent tous les aspects de la vie quotidienne : mode vestimentaire, couleur des cheveux, vie sentimentale, mariage, travail, nourriture, relation hiérarchique, mais aussi l'élimination par tous les moyens de tout ce qui est considéré comme impur.

LES SYMBOLES ISLAMIQUES

Le deuxième exemple relève des symboles et des droits islamiques. Le statut de la femme les résume parfaitement. Ses droits et sa liberté ont nettement régressé ces dernières décennies à la faveur de la montée en puissance de l'islam politique.

Pendant la première moitié du siècle dernier, il était rare de voir une femme voilée dans l'espace public ou à l'université dans les pays arabes et musulmans comme l'Egypte, l'Algérie, l'Iran ou même l'Afghanistan.

Cette tendance générale à un retour vers le bon sens et la laïcité s'est étirée pendant une bonne partie de la guerre froide. En effet, les deux principales puissances rivales – les Etats-Unis d'Amérique et L'URSS – avaient placé des pions sous contrôle dans des territoires géographiquement avantageux d'un point de vue stratégique. Ces collaborations opportunistes ont immanquablement entraîné une modération de la radicalisation et soufflé un vent de sagesse qui, malheureusement, n'était pas appelé à durer. Les exemples de ces périodes de quiétude sont légion dans les pays musulmans, mais quelques exemples éloquents peuvent facilement nous donner le ton. En 1954, Gamal Abdel

Nasser qui vient de devenir le grand Raïs égyptien a publiquement tourné au ridicule les leaders des Frères musulmans. La scène est filmée devant une assistance totalement acquise au nouveau dirigeant qui déclare : « Nous voulions vraiment et avec honnêteté collaborer avec les Frères musulmans pour qu'ils avancent dans le droit chemin. » En Egypte, dans les années 1950, les femmes étaient en effet très libres et nombreuses d'entre elles fréquentaient le campus de l'université américaine du Caire, en jupe et sans entrave à leur liberté individuelle. En 1957, Habib Bourguiba, le premier président de la Tunisie indépendante, connu pour son modernisme politique et sa volonté d'instaurer la laïcité, promulguait le Code du Statut personnel et voyait en la femme l'avenir de son pays. Au Liban, cette ouverture d'esprit se prolonge : une photo de Raymond Depardon, datant de 1965, montre une femme voilée, mais en bikini, se balader en plein centre de Beyrouth sous le sourire et les yeux fascinés d'un jeune homme. Il existait même, en Afghanistan, des écoles d'infirmières où les femmes étudiaient librement, sans niqab ni voile pour occulter leurs visages; on pouvait voir la large majorité des femmes déambuler sereinement, têtes découvertes, dans les rues de Kaboul.

Aujourd'hui, la situation s'est inversée et l'espace public est envahi de toutes sortes de couvre-tête, allant du foulard à la burqa intégrale avec parfois l'ajout d'un grillage de mailles serrées pour cacher les yeux. Après une période de libéralisation, qualifiée de mécréance – qui correspond à la période postindépendance des pays arabes, jusqu'à la fin des années 1970 – les religieux ont ramené leur communauté cent ans en arrière. Il serait utopique d'envisager un possible rapprochement volontaire entre l'islam et la modernité. Bien au contraire, avec le retour des « gardiens de la *charia* », la communauté musulmane a rejeté les acquis de la modernité et l'islam, revigoré et renforcé, s'efforce de refouler ou d'oblitérer ces périodes de liberté qu'il qualifie d'impies par tous les moyens, les plus violents compris.

Le port du niqab et de la burqa, ainsi que des entraves à l'identité féminine sous toutes ses formes, progressent en France malgré leur interdiction par la loi dans l'espace public. Mais les islamistes et certains laïcs, dont des groupes féministes occidentaux, continuent de défendre le port du voile, prétextant qu'il s'agit d'une liberté religieuse et d'expression, garanties par la Constitution et la Déclaration des droits de l'homme et du citoyen. Ils accusent les opposants au port du voile de racisme, de xénophobie et d'islamophobie, et affirment que l'interdiction des signes religieux se heurte à la liberté fondamentale. Pourtant, le voile, dans son interprétation islamique, est l'un des outils pour soumettre et instrumentaliser la femme, qui est considérée comme inférieure. En Islam, surtout dans les pays où son influence est forte, la femme est déshumanisée, privée de toute possibilité d'étudier, très souvent l'objet d'un mariage négocié et forcé, son avenir dans la communauté est décidé par les hommes. Rapidement, souvent très jeune, elle ne devient rien de plus qu'une esclave et un objet de désir sexuel aux ordres de son époux. Devoir d'obéissance, obligation de se soustraire au regard d'autrui, isolement forcé, le tout dans un climat de peur, voire de violence, la femme musulmane type n'a pour ainsi dire pas de vie.

Comment peut-on imaginer que cet anéantissement de l'individualité puisse relever du choix ? Cette définition correspond-elle au combat que mènent les défenseurs du voile, dont des pseudo-féministes, au nom de la liberté ?

En France, dans certains quartiers, devenus des zones de non-droit, patrouillent des sortes de milices de la foi qui surveillent la conduite des femmes. Ces dernières n'ont pas le droit d'entrer dans un café, de serrer la main à un homme ou de sortir tête nue. Ces patrouilles clandestines se donnent la liberté d'appliquer des lois islamiques impunément, les autorités ayant bien souvent consigne de tourner la tête et de ne pas réprimander ces pratiques intolérables.

Le foulard est un signe distinctif qui atteste clairement de l'inégalité entre les sexes, il est inconcevable que ses défenseurs évoquent la laïcité et l'ouverture sur l'autre pour le tolérer. Et quand les islamistes imposent le *tchador* à de jeunes adolescentes, les organisations de défense des droits des enfants disparaissent des écrans de radar et tolèrent ces atteintes à la protection de l'enfance. Tolérer ces actes revient à accepter la servitude des jeunes filles et alimente la pédophilie en faisant d'elles des objets sexuels. De plus, le voile est un signe religieux qui accentue l'appartenance à l'islam avant toute autre notion de citoyenneté. Les femmes qui le portent volontairement dans l'espace public revendiquent ainsi leur appartenance et s'opposent aux valeurs de la société dans laquelle elles vivent. Autrement dit, les Françaises qui se couvrent refusent de s'intégrer dans la République, d'en épouser les valeurs et appliquent l'idée selon laquelle la déviance est liée à la féminité. Le voile devient ainsi un signe de vertu puisque l'islam ne tolère aucune relation sexuelle avant et hors mariage. Pour les musulmans, la décadence de la *Oumma* commence par la liberté sexuelle.

L'imposition du voile et la lutte contre la liberté sexuelle des femmes sont une priorité de tous les mouvements islamistes. Pourtant, ces mouvements, toutes idéologies confondues, promettent 72 vierges aux fidèles qui accèdent au paradis, dont les kamikazes en premier lieu, et légalisent les viols lors des razzias. Cette frustration sexuelle maladive, qui remonte aux civilisations préislamiques, explique pourquoi les dirigeants de culte et les chefs terroristes perpétuent la tradition séculaire des mariages multiples autorisés par l'islam. Ce fut l'un des nombreux arguments levés par cette idéologie naissante afin de rallier tous les groupes isolés sous la même bannière. Les hommes, éparpillés anarchiquement dans le désert, en se pliant au dogme, pouvaient assouvir leurs désirs refoulés en toute liberté par la soumission religieuse du « sexe faible », les mariages de jouissance et les unions de voyage, exactement comme le prophète avait multiplié ces écarts en matière sexuelle en les transformant en droits, voire en lois, avec la création de son dogme unificateur.

Les défenseurs du port du foulard et de ses formes les plus rigides de couvertures faciales doivent aussi savoir que leur comportement irrite les autochtones qui y voient une sorte de défiance, d'invasion, de refus du « vivre ensemble » et d'intégration. C'est un symbole de soumission, d'humiliation de la femme et de son exclusion sociale, culturelle et politique de la société. C'est un acte qui transforme l'être humain en objet de propagande aux mains de la tyrannie religieuse, comme le confirme une vidéo que j'ai publiée sur ma page Facebook d'une jeune musulmane qui déclare : « *Je ne reçois d'ordres ni de mon père, ni de mes frères, ni du directeur de mon école. Je reçois les ordres directement de Dieu.* » Autrement dit, cette fille reçoit les ordres divins à travers les *oulémas* qui se sont autoproclamés vicaires de Dieu sur terre. Or, l'islam manque d'institutions hiérarchisées semblables à celle de l'Eglise catholique, censée interpréter les textes et les conformer à la vie. On voit alors émerger des imams et des *oulémas* autoproclamés qui ressemblent davantage à des charlatans, des illuminés ou des gourous plutôt qu'à des religieux intègres. Ainsi, chaque musulman peut interpréter les textes sacrés à sa façon. Il se fait prédicateur, juge et exécutant des verdicts qu'il prononce à l'encontre de tout ce qu'il considère contraire à l'islam. Un simple membre de la communauté religieuse, sans nécessairement être un croyant convaincu ni un pratiquant, peut éditer des *fatwas* en s'appuyant sur le Coran et la *charia* pour les exécuter sous prétexte de défendre sa foi.

La tendance intellectuelle et médiatique française tend à comparer les islamistes et les djihadistes aux chrétiens du Moyen Âge. Or, cette comparaison est erronée et mal placée, car les chrétiens ont évolué en désacralisant les textes fondateurs de leur dogme. Ils ont évolué avec leur société alors que l'objectif des islamistes est à l'inverse de raviver la féodalité en appliquant leur foi telle qu'elle fut inventée au VIIe siècle.

Les analystes et commentateurs qui défendent le voile et ses dérivés au nom de la liberté de la femme ignorent que cette symbolique en appelle d'autres. C'est le cas de la nourriture *halal* que les islamistes tentent d'imposer dans les cantines scolaires, ou l'enseignement de l'histoire de l'islam qui prend de plus en plus d'importance dans les manuels scolaires officiels en France. Cette percée menace les fondements de la laïcité à travers l'éducation des jeunes générations. En effet, parmi les revendications des islamistes pourrait figurer la suppression des matières contraires à l'islam, comme la théorie de l'évolution, déjà complètement prohibée dans les pays musulmans.

Ces traditions et coutumes islamistes qui se répandent en France attestent que les musulmans de l'Hexagone exigent non seulement leur liberté religieuse, mais surtout l'application de ses « accessoires » sociaux, économiques et vestimentaires. C'est une totale violation de la loi sur la laïcité en vigueur depuis 1905, imposant la séparation entre le clergé et l'Etat. Cela implique l'abandon des acquis pour permettre aux musulmans de jouir de toute leur liberté et d'imposer cet islam rigoureux qu'ils veulent souverain. Pourtant, nombreux sont les immigrants qui ont quitté leurs pays pour échapper à ces mêmes contraintes ; malgré tout, par une forme de masochisme inexplicable, nombreux sont ceux qui y replongent quand l'islam et ses pratiques totalitaires les rattrapent dans leur pays d'adoption.

Ce n'est pas mon cas.

J'ai décidé, comme de nombreux autres, de lutter de toutes mes forces contre cette régression programmée qui se dessine un peu trop clairement en France, afin de préserver sa laïcité et de l'empêcher de sombrer. Mais à cause de cette lutte, je suis accusé de racisme. C'est à se demander qui est raciste. Est-ce celui qui veut défendre pacifiquement sa société civile et ses valeurs libérales, ou celui qui veut imposer ses propres valeurs par la terreur ? Pour imposer leur diktat, les islamistes n'hésiteront pas à appliquer progressivement en France les méthodes destructrices qu'ils ont employées dans leur propre pays, tout en s'appuyant sur les libertés garanties par la Constitution.

L'IDENTITÉ

Le troisième exemple concerne l'identité islamique, liée à l'ère du prophète, et que je désigne par « identité archéologique ». C'est pour défendre cette identité que des illuminés ont agi au nom de l'islam et exécuté les journalistes et caricaturistes de *Charlie Hebdo*. Car cette concorde figée et sclérosée n'accepte aucune critique.

La défense de cette identité exige, dans l'esprit islamiste, d'interdire toutes sortes d'atteintes ou de critiques à son encontre. Pour les radicaux, celui qui s'en prend à l'identité musulmane s'en prend directement au prophète. Cela relève du blasphème. C'est ainsi qu'ils réclament que l'Etat français, comme d'autres Etats occidentaux, légifère pour interdire les critiques et faire taire la liberté d'expression. La France doit ainsi accorder à l'islam ce qu'elle a refusé aux autres religieux, et il s'agit là de l'une des plus inquiétantes tentatives d'islamisation des esprits et de la société.

Nous sommes en droit de nous interroger légitimement : qui est le plus nuisible pour l'islam ? Le dessinateur d'une caricature de Mahomet ou les musulmans eux-mêmes qui se comportent avec la plus grande barbarie et qui défendent des valeurs vieilles de 1 400 ans ? Qui est le plus nuisible à la foi, le dessin humoristique d'une femme voilée ou les *fatwas* délirantes suggérant l'allaitement des grands, permettant le mariage des mineures, le viol et la pédophilie et allant même jusqu'à autoriser à un musulman de jouir sexuellement du corps de sa femme jusqu'à six heures après le décès de cette dernière ? Les auteurs de ces *fatwas*, qui ont une imagination très fertile, sont des « islamopithèques » distribuant leurs avis religieux douteux qu'ils placent au-dessus des lois républicaines.

Ces dernières années, et particulièrement depuis l'attentat contre *Charlie Hebdo*, j'ai remarqué une mutation de cette identité islamique dans le sens où les musulmans deviennent de plus en plus narcissiques et orgueilleux. Pour en attester, l'exemple d'une petite ville de 10 000 habitants, dans la banlieue parisienne, qui vivait harmonieusement ; il a suffi que deux familles musulmanes viennent s'y installer pour que tout bascule. Un jour d'été, une femme s'est présentée à la piscine municipale et a refusé d'ôter son hidjab. L'entrée lui étant alors interdite, elle a porté plainte pour discrimination et s'est appuyé sur une vidéo tournée par un amateur qui reproduit l'incident de A à Z. Il ne fait pas de doute que le vidéaste amateur était complice. L'affaire a fait la Une de la presse et des réseaux sociaux proches de la mouvance islamiste. La musulmane voilée a gagné son procès. Cet événement a permis aux islamistes d'intimider la municipalité et d'exiger d'autres concessions, comme l'interdiction du porc dans les cantines scolaires, la construction d'une mosquée et d'un centre culturel islamique. Leur stratégie est implacable : le maire ne peut désormais plus refuser ces concessions de peur d'être taxé de raciste, d'islamophobe et de xénophobe. Sous l'intimidation d'un *blast* médiatique et de procès qu'ils risquent de perdre, les élus ne peuvent que s'incliner. Leur stratégie victimaire est bien rodée.

L'islamisation progresse par intimidation. Les mêmes méthodes sont très courantes dans le monde du travail. Des employés musulmans n'hésitent pas à dénoncer leurs supérieurs hiérarchiques pour des raisons fallacieuses afin de terroriser la direction et de lui arracher des « avantages sociaux », notamment la prière sur le lieu de travail. Ainsi, la religion musulmane, telle qu'elle est pratiquée aujourd'hui, n'est plus l'opium du peuple, selon la formule de Karl Marx, mais une lobotomie de masse.

Elle est devenue un cancer qui gangrène les sociétés et qui menace l'humanité.

LES GARDIENS DU DOGME

Le quatrième exemple qui atteste de l'impossible cohabitation avec l'islam, tel qu'il est répandu et vécu aujourd'hui, concerne les gardiens du dogme. Il s'agit des *oulémas* qui se sont réunis à l'université Al-Azhar, en Egypte, considérée comme la plus prestigieuse institution sunnite du monde. Il s'agissait de dénoncer le terrorisme et de présenter l'islam comme une religion d'amour, de paix et de miséricorde. Mais leur conclave a eu l'effet contraire, puisqu'ils se sont révélés à leur véritable image et ont confirmé le fondement idéologique du terrorisme.

A travers leur fascisme doctrinal et intellectuel, ils ont dénoncé les auteurs de ces actes barbares mais pas les actes eux-mêmes. Ils se sont comportés comme les gardiens du dogme et comme une police religieuse. Al-Azhar n'a pas dénoncé les *fatwas* autorisant l'assassinat des renégats, ni celles châtiant les récalcitrants aux cinq prières quotidiennes, encore moins le djihad, les razzias et les louanges faites aux conquêtes islamiques. Ils n'ont pas renoncé aux *fatwas* concernant l'exécution des prisonniers de guerre et le viol des femmes prises comme domestiques. Au contraire, ils ont confirmé les sentences islamiques comme les amputations des voleurs et le boycott des impies. Ainsi, ceux qui prétendent lutter contre le terrorisme ont justifié tout ce que Daech commet comme exactions. Comment peut-il en être autrement puisque Daech ne fait qu'appliquer l'islam à la lettre et qu'Al-Azhar enseigne Ibn Taymiyya, le père fondateur de la pensée takfiriste et djihadiste, la référence idéologique de tous les mouvements terroristes ?

Ce scandale démontre que la réforme de l'islam ne peut en aucun cas être confiée aux *oulémas* et autres dignitaires musulmans imprégnés des textes sacrés les plus violents. Pour réformer l'islam il convient donc de vaincre son projet politique, de défaire son idéologie violente et de détruire ce slogan fallacieux : « L'islam est la solution. » Pour rendre à l'islam son rôle purement religieux, il est indispensable de le dissocier de son aile politique conquérante qu'il convient d'éradiquer. Tous les mouvements islamistes ont en commun le rêve d'instaurer l'Etat islamique, ou le Califat, et partagent avec les dictatures les mêmes caractéristiques : la violence, la sacralisation des symboles – le prophète pour les uns, le tyran pour les autres –, et l'imperméabilité à la réforme. Les deux partagent également la facilité à tuer des innocents et à détruire leur propre pays pour prendre le pouvoir ou s'y maintenir.

C'est seulement après la défaite de l'islam politique qu'une réforme et son renouvellement deviennent envisageables, et ces missions incomberont alors aux musulmans eux-mêmes.

A la lumière de ce diagnostic et de ces exemples non exhaustifs, on comprend mieux les raisons qui rendent toute conciliation entre l'islam et l'Occident très difficile, voire impossible, et qui dressent des obstacles idéologiquement infranchissables devant les efforts d'intégration des musulmans dans les sociétés occidentales. Les nouveaux citoyens mahométans s'y ghettoïsent et forment l'environnement favorable à la croissance de la violence et du terrorisme, même si, dans leur majorité, ils se prétendent pacifistes. Au final, ce phénomène conduit à la confessionnalisation de la société française, avec toutes les conséquences désastreuses prévisibles sur le long terme.

Mais l'impossible conciliation ne doit pas nécessairement conduire à un choc des civilisations, bien que je réfute ce terme mensonger car les civilisations ne sont pas liées aux religions, mais aux peuples antiques et à leurs périmètres géographiques respectifs (civilisations grecque, pharaonique, chinoise, indienne, romaine...). Or, par définition, l'islam ne reconnaît pas de frontières et ne devrait en aucun cas se représenter comme une civilisation. Il n'est, dans l'absolu, rien de plus que l'équivalent de la chrétienté, du judaïsme et du bouddhisme : une philosophie religieuse et idéologique antique. La seule différence demeure dans la persistance de son application bornée et stricte.

L'âge d'or de l'islam, né des travaux scientifiques et des traductions réalisées par des intellectuels étrangers à l'Empire, est perdu. La période d'ouverture et d'échange instaurée par les Abbassides, d'une part et par l'autocritique réalisée sous les mu'tazila* d'autre part, empreinte de tolérance et d'ouverture des musulmans sur la vie, avec la prolifération des débits d'alcool à Bagdad, la capitale de l'Empire, est révolue.

L'arrivée du calife Al-Mutawakel a mis un coup d'arrêt à cette ouverture et interdit la pensée des mu'tazila, ordonnant la libération d'Ibn Hanbal de prison dont l'un des disciples est Ibn Taymyya, le père fondateur de la pensée tafkiriste et djihadiste. Al-Mutawakel a détruit les « lieux de déviance » et exécuté les disciples du mu'tazilisme, qualifiés de renégats et d'impies.

Le mu'tazilisme, que je considère comme la première et unique révolution interne de l'islam en vue de le réformer, est mort. L'âge d'or s'est transformé en obscurantisme qui perdure depuis des siècles, entrecoupé par de brefs sursauts. Ces données historiques semblent échapper aux intellectuels qui qualifient la violence de l'islam politique comme une réaction naturelle à l'invasion culturelle occidentale, à l'impérialisme et au colonialisme. Ils justifient et alimentent ce phénomène par leur obstination à trouver des explications et en s'auto flagellant.

Ce n'est pas une solution, loin de là. En agissant ainsi, le peuple français excuse tout, s'accuse d'être à la racine de tous les maux, ce qui permet à l'islam conquérant une avancée facilitée et légitimée.

En poursuivant sur cette voie, l'Europe, et tout spécialement la France, sape ses valeurs, ouvre en grand ses portes à un mal qui profite de cette situation pour étendre son envergure et renforcer ses positions.

CITOYEN OU CROYANT ?

Lors de mes recherches, de mes enquêtes dans les banlieues françaises et en suivant les débats à travers certains médias français, j'ai été frappé par la distinction que les musulmans tentent d'opposer entre citoyen et croyant. Cette différenciation trouve ses racines dans l'échec de la construction sociétale dans les pays arabes et musulmans. En effet, pendant la renaissance arabe, marquée par le libéralisme et les tentatives de démocratisation, les élites ont essayé de reconstruire leur société sur l'exemple occidental.

Ce fut un échec.

L'émergence des mouvements radicaux sur les ruines du projet nationaliste arabe et du modèle socialiste a anéanti tous les efforts de modernisation. Le phénomène a pris de l'ampleur après la Révolution chiite de Khomeiny et l'instauration de la République islamique en Iran. Craignant l'hégémonie chiite, l'Arabie saoudite a financé les mouvements sunnites, y compris les plus radicaux et les organisations terroristes, pour faire face à la percée de cette branche religieuse. Ces luttes ont conduit à une radicalisation mutuelle et a favorisé l'appartenance confessionnelle au détriment de la citoyenneté tuée dans l'œuf. Depuis, la foi n'est plus une affaire personnelle qui lie l'individu à son Dieu, quel qu'il soit, mais une affaire publique. L'appartenance du musulman à la nation islamique prime au détriment de son appartenance à l'Etat. L'islam devient ainsi inéluctablement un projet politique totalitaire visant à prendre le pouvoir et à appliquer la *charia* par la force. La communauté musulmane en France, la plus importante d'Europe, a transposé cette approche et tente de l'appliquer dans l'Hexagone. Le musulman perd *de facto* la notion de citoyenneté, remplacée par celles de la croyance et de la foi. Ce que les islamistes, initiateurs de ce phénomène, appellent « *al-Sahwa al-Islamiya* », l'éveil islamique, vise à attribuer aux musulmans une identité communautaire, avec tout ce que ce marqueur identitaire implique. Les résultats se retrouvent au niveau vestimentaire (voile, burqa, burkini), alimentaire (*halal*), sociétal (rejet de la musique, de la mixité, de la culture), médical (refus qu'un médecin homme puisse soigner les musulmanes) et commercial (finances islamiques). A l'inverse, les intellectuels musulmans appellent ce phénomène de « *al-Radda al-Hadariya* », la régression civilisationnelle, et lui attribuent l'émergence de la violence et du terrorisme.

Dans les pays arabes, la montée en puissance de l'identité religieuse face à l'identité nationale, sur la voie de l'instauration de l'Etat religieux, s'est faite avec la complicité des régimes totalitaires qui, depuis les années 1970, ont cherché l'affaiblissement de ces deux idéologies : celle des mouvements radicaux qui se revendiquent uniquement de l'islam voulu transnational et celle des groupes nationalistes qui prônent l'union arabe sur des critères ethniques. Entre les deux, les libéraux, qui développaient l'individualisme, avaient bradé à la fois la notion de l'Etat et la question religieuse. Ils privilégiaient opportunément la sauvegarde de leurs intérêts, quel que soit le modèle politique ou religieux qui allait la permettre.

C'est exactement ce qui se passe aujourd'hui en France. Les radicaux refusent le pouvoir temporel et cherchent à imposer leur identité islamique, forçant les musulmans modérés à s'acclimater.

Les activistes de l'islam politique en France multiplient les conférences, souvent clandestines, et accentuent leur propagande sur la toile pour répandre l'appartenance religieuse au détriment de l'identité nationale. Cette conduite favorise la radicalisation et empêche l'intégration et l'assimilation.

Lors de mes recherches, j'ai pu distinguer deux types d'islamistes : les prédicateurs, qui menacent et décrètent ce qui est licite (*halal*) de ce qui ne l'est pas (*harām*), et les djihadistes qui condamnent et exécutent en s'appuyant sur les *fatwas* des premiers. Certains cumulent les deux fonctions. Ainsi, les islamistes qui ont déclaré le djihad contre l'Occident et qui terrorisent, décapitent et exécutent leurs compatriotes, appartiennent à cette frange qui ne reconnaît aucune appartenance identitaire, et se revendiquent prioritairement musulmans. L'islam devient à la fois leur moteur et leur carburant dans la destruction des valeurs de la République, de la laïcité et de la citoyenneté. Ce faisant, ils appliquent à la lettre le *Hadith* du prophète, transmis par Sahih Muslem : « *Qui, parmi vous voit le vice mécréant, il doit le convertir à la vertu par la parole, par les sentiments ou par la force.* »

L'application de ce commandement permet de distinguer trois catégories de musulmans. Ceux qui voient la mécréance de la société française comme un vice mais la tolèrent par opportunisme donnent l'impression d'être des musulmans intégrés dans la République. Ensuite, on trouve ceux qui rejettent ce vice et qui s'activent par la parole, à travers les réseaux sociaux et devant les tribunaux pour la dénoncer et la convertir ; ce sont ceux qui dénoncent les lois de la République qu'ils considèrent hostiles ou non conformes à l'islam. Ils pratiquent la propagande intellectuelle et l'intimidation et constituent une majorité au sein de la communauté. Enfin, il y a les djihadistes qui recourent à la force, par le terrorisme, contre la mécréance. Si cette dernière catégorie est responsable des attentats contre *Charlie*, le Bataclan, Saint-Etienne du Rouvray ou Nice, et fournit l'essentiel des terroristes français de Daech, il n'est pas exclu que des membres de la première et de la deuxième catégories puissent passer à l'acte. Car tous défendent l'islam.

J'en ai fait l'expérience et j'ai été agressé oralement et physiquement à plusieurs reprises par de simples musulmans qui m'ont reconnu et qui m'ont reproché d'avoir critiqué l'islam et le prophète.

En effet, la complémentarité entre les différentes branches de l'islam n'est plus à démontrer : je l'ai éprouvée après l'attentat contre *Charlie Hebdo*. J'étudiais le français dans une école spécialement créée pour les réfugiés politiques. Essentiellement fréquentée par des musulmans ayant fui les affres de l'islam dans leur propre pays mais qui, paradoxalement, ont refusé la minute de silence observée en mémoire des journalistes de *Charlie*. Ils ont considéré que les caricaturistes méritaient leur sort. Même mon restaurateur préféré est du même avis : « *Nous sommes pacifistes, mais nous devons nous défendre contre ceux qui nous agressent* », m'a-t-il dit pour justifier l'injustifiable. Lui aussi a placé son appartenance à l'islam avant son appartenance à la République. Ce fut la dernière fois que je mangeais chez lui.

Je n'aime pas utiliser le mot « extrémisme » car l'on pourrait me définir comme un « laïc extrémiste ». Pourtant, je n'ai pas de problème particulier avec les activistes pacifistes tant qu'ils n'appellent pas à tuer leurs adversaires. Le problème ne réside pas dans l'extrémisme, mais dans le contenu de son idéologie. Le contenu du Coran est conforme à celui pratiqué par Daech et ses semblables. L'erreur est que les grandes puissances et certains régimes veulent éradiquer Daech, en tant que mouvement terroriste extrémiste, mais ne s'attardent pas sur ce que véhicule son idéologie, qui n'est autre que l'islam. Ce que pratique Daech est calqué sur les pratiques du prophète, de ses successeurs et de l'islam en général tout au long de son histoire. Combien de poètes ont été exécutés sur ordre de Mahomet pour l'avoir critiqué ? Combien de scientifiques ont été pendus sous les califes abbassides et omeyades pour avoir transgressé l'islam à travers leurs travaux ? Combien de crimes, de viols, de vols ont été commis lors des conquêtes et des révolutions islamiques ? Tous ces actes barbares sont actés et enseignés dans les écoles et les mosquées à travers les pays arabes et musulmans et font leur fierté. Aujourd'hui, par opportunisme, ces mêmes pays s'offusquent des images diffusées des horreurs commises par Daech et affirment que cette organisation n'est en rien liée à l'islam.

Pourtant, Daech est l'incarnation de l'islam tel qu'il est transmis et enseigné.

Mais cette organisation n'a pas l'exclusivité des horreurs commises au nom d'Allah. Des pays comme l'Arabie saoudite, l'Iran, le Pakistan, l'Afghanistan et bien d'autres, ainsi que toutes les organisations qui y sont implantées, sont ses principaux concurrents. Ils rivalisent dans l'utilisation de la violence et de la terreur à travers les exécutions publiques, les décapitations, les amputations, les lynchages. L'Etat islamique se distingue de ses discrets concurrents par la diffusion de ses crimes et leur originalité, comme les bains d'acide ou le dépeçage. Mais tous se ressemblent, car ils appliquent la même dictature spirituelle que leurs défenseurs aveuglés qualifient de religion de paix et de miséricorde. Tous ces pays et toutes ces organisations refusent la critique de l'islam et les appels à sa réforme, oubliant que les nations civilisées ont progressé grâce à l'autocritique et à la désacralisation des textes sacrés alors que les sociétés musulmanes régressent en s'accrochant obstinément à des textes hérités depuis le VIIe siècle. Malgré les appels à l'évolution et les critiques visant la radicalisation et le penchant violent de l'islamisme politique, nombreux sont ceux qui persistent à vouloir distinguer les musulmans modérés, les conservateurs, les prédicateurs et les djihadistes, oubliant que tous se nourrissent de la même source idéologique : le Coran et la *Sunna*. Ils demeurent figés sur le principe que les extrémistes ont dévié et qu'il convient de revenir à l'Islam originel dont l'histoire est pourtant remplie d'exemples de crimes qui dépassent ceux de Daech dans l'horreur et l'intolérable cruauté.

LA LAÏCITÉ MENACÉE

Après avoir lu mon exposé, dans la première partie, sur les dangers de l'islamisation, je conçois que le désespoir et le pessimisme envahissent et préoccupent les lecteurs. Moi-même j'appréhende l'avenir sombre de la laïcité en France et partage ce pessimisme, que j'ai exprimé à maintes reprises depuis l'attaque contre *Charlie Hebdo*. D'autant que mes observations m'ont permis de constater le recul de la laïcité dans l'Hexagone qui ne cesse de s'accélérer devant l'avancée de l'islamisation méthodique menée par les radicaux et leurs relais médiatiques.

La menace qui plane sur la laïcité est d'autant plus sérieuse que les musulmans la considèrent comme leur principale ennemie. Elle incarne, d'une part, la mécréance, et qui cherche d'autre part à détruire l'islam. Les médias traditionnels et électroniques liés aux islamistes caricaturent la laïcité comme un couteau qui poignarde la musulmane voilée. Devenue l'ennemie publique numéro 1, celle à abattre quoiqu'il en coûte, la laïcité est cernée et menacée. Les uns répandent l'islam en s'abritant derrière elle ; d'autres multiplient la prédication en exploitant les libertés religieuses. Enfin, tous distillent la haine et luttent contre la modernité en usant de la liberté d'expression, nonobstant l'article 35 de la loi de 1905 qui dispose que « *si un discours prononcé ou un écrit affiché ou distribué publiquement dans les lieux où s'exerce le culte contient une provocation directe à résister à l'exécution des lois ou aux actes légaux de l'autorité publique, ou s'il tend à soulever ou à armer une partie des citoyens contre les autres, le ministre du culte qui s'en sera rendu coupable sera puni d'un emprisonnement de trois mois à deux ans, sans préjudice des peines de la complicité, dans le cas où la provocation aurait été suivie d'une sédition, révolte ou guerre civile* ».

Or, cet article, indispensable à lutter contre la radicalisation, ainsi qu'à la protection de la laïcité et ses valeurs, n'est pas appliqué, et la loi dans son ensemble n'est pas respectée. Le comble est que les islamistes accusent quiconque ose réclamer l'application de cette loi de « vouloir s'immiscer dans les affaires de l'islam » et ainsi de « violer la loi sur la liberté de culte ».

Lors de mes nombreux déplacements dans les banlieues parisiennes, j'ai assisté à des scènes d'endoctrinement de jeunes musulmans lors des cours religieux dispensés après les prières. Les orateurs qui animent ces groupes incitent les participants à piétiner la République et à remplacer l'administration légale dans plusieurs secteurs de la vie quotidienne par les traditions de la communauté, comme l'emploi, les mariages ou le respect des mœurs. Tout est fait par ceux qui s'autoproclament « gardiens de l'islam » pour étouffer la laïcité et remplacer les lois en vigueur dans le pays par la loi divine. Leur stratégie est simple mais se veut inflexible : ils s'efforcent d'introduire de nouvelles expressions et terminologies visant à neutraliser la laïcité, à tuer les libertés et faire taire, à la fois, leurs détracteurs et les défenseurs de ces valeurs.

LA GUERRE DES TERMINOLOGIES

Cette guerre ouverte a commencé avec la deuxième génération d'immigrés musulmans, et a pris une nouvelle dimension à la fin des années 1970 comme une conséquence directe de plusieurs facteurs : la victoire de la Révolution chiite en Iran, de la mobilisation sunnite financée par l'Arabie saoudite pour contrer l'influence iranienne et l'accroissement du nombre des musulmans en Occident. En France, cette guerre s'est répandue et menace la laïcité qui n'a pas été sanctuarisée. D'ailleurs, pour de nombreux musulmans, la loi de 1905 ne les concerne pas puisqu'elle a été conclue entre l'Etat et l'Eglise et, par conséquent, ne concerne en rien les autorités religieuses islamiques. D'autres soutiennent le contraire et affirment à tort que la loi couvre l'islam puisque l'Algérie était alors française.

Les premiers valident ainsi leur ghettoïsation au sein de la société française, s'attachent à leur spécificité religieuse et réclament *de facto* un statut à part. Les seconds se trompent lourdement, car la loi sur la laïcité de 1905 n'a pas concerné les musulmans de l'Algérie française. En effet, selon plusieurs historiens, la conquête et l'annexion de l'Algérie ont marqué un tournant majeur dans les relations entre la France et l'islam. Ce fut en effet une première, en 1848, que des musulmans deviennent des sujets français, ce qui a posé le problème de l'existence de deux statuts juridiques différents sur le territoire. En 1863, Napoléon III a tenté de régler la contradiction en décrétant que tous les Algériens seraient des sujets français et pourraient théoriquement demander la naturalisation.

Dans les années 1870, deux statuts cohabitent en Algérie : citoyens français et indigènes musulmans, qui n'ont pas les mêmes privilèges. En 1905, la loi de séparation de l'Eglise et de l'Etat ne s'applique pas à l'islam algérien par peur d'une montée du nationalisme et de l'influence étrangère, notamment de l'Egypte, dont la religion serait le moteur. Pourtant, plusieurs délégations d'*oulémas* algériens s'étaient rendues à Paris pour réclamer la séparation entre l'islam d'Algérie et l'Etat français.

Le poids de l'histoire a joué un rôle primordial dans la ghettoïsation des musulmans en France et leur hostilité à l'encontre de la laïcité, les musulmans étant en majorité d'origine algérienne. A cette situation conflictuelle s'ajoutent l'insoumission acharnée de l'islam, l'imposition de la *charia*, regroupant l'ensemble des lois divines islamiques, au-dessus des lois terrestres mises en place par les hommes et les échecs successifs de l'Etat français à mettre de l'ordre afin de hiérarchiser la communauté depuis la première affaire qui a fait voler en éclat le crédit du gouvernement, celle du voile à Creil en 1989. En effet, durant les trois dernières décennies, les ministres de l'Intérieur, depuis Pierre Joxe jusqu'à Bernard Cazeneuve, en passant par Jean-Pierre Chevènement, Charles Pasqua et Nicolas Sarkozy, ont échoué à fédérer, intégrer et correctement institutionnaliser l'islam de France pour le fondre dans le paysage national.

Le manque de fermeté du gouvernement, renforcé par son inaction, a facilité l'escalade des exigences et encouragé les branches extrémistes à s'imposer et à s'enraciner profondément. Aujourd'hui encore, la passivité des autorités politiques, malgré les horreurs survenues, encourage l'islam à durcir ses méthodes et à ne pas lâcher prise dans son avancée qui gagne en force et en vitesse.

Il faut définitivement clarifier la situation et imposer que cette séparation entre l'Etat et les institutions religieuses ne concerne pas seulement la chrétienté mais englobe, avec une égalité logique, toutes les confessions ainsi que toutes leurs branches internes, judaïques et islamiques comprises.

La guerre des terminologies qui façonnent les esprits et visent à accélérer l'islamisation a été une défaite pour les militants laïcs dans la mesure où les termes imposés par les radicaux et leurs relais médiatiques sont désormais ancrés dans l'opinion publique. Mais pour défendre notre société, il nous appartient de vider ces expressions de leurs sens et d'inverser la tendance. Parmi les nouvelles formules inventées et exploitées par la propagande islamiste figurent, en première place l' « islamophobie », suivie par l' « identité islamique ». Les radicaux opposent également « la haine au pardon », la « modération à l'extrémisme » ou encore « l'islamisation à la laïcisation ».

L'ISLAMOPHOBIE

Le premier élément de vocabulaire imposé et utilisé à grande échelle par les islamistes, pour intimider leurs détracteurs, est l'islamophobie. Ils affirment que ce terme a été inventé par les services occidentaux pour susciter la peur dans les sociétés occidentales et leur présenter l'islam comme un nouvel ennemi après la chute du bloc soviétique. Les tenants de la théorie du complot, très nombreux parmi les musulmans, estiment en effet que l'Occident a besoin d'un ennemi extérieur permanent pour maintenir sa cohésion. Mais il est légitime de s'interroger : qui est le véritable bénéficiaire du terme islamophobie ? Est-ce que l'Occident craint réellement l'islam ? Et dans ce cas, quelle mouvance ? Si l'Occident craint réellement l'islam, ne serait-ce pas les musulmans qui provoquent cette peur à travers leur comportement et leurs actions radicales ?

Selon cette même théorie du complot, l'une de leurs obsessions maladives incurables, les musulmans se considèrent, en tant qu'ensemble communautaire et religieux, comme les éléments susceptibles de créer la meilleure société pour l'humanité. Malgré leur régression civilisationnelle et les taux élevés d'analphabètes et d'incultes en leur sein, leur volonté de régression et la barbarie des lois divines propres au dogme qui les unit, ils ne doutent pas de ce potentiel. Ils imputent tous les doutes à ce sujet aux cabales occidentales, impérialistes, sionistes et croisées qui incarnent la mécréance et qui cherchent à piller leurs richesses et à les détruire. Ils cherchent ainsi à se venger en s'attaquant au progrès et à la modernité que représente l'Occident.

En soumettant la femme grâce aux *Hadiths* de Mahomet, et en ordonnant de convertir les non-musulmans et de tuer les récalcitrants, l'islam nourrit la violence et la terreur. Faut-il dès lors s'étonner de la progression de l'islamophobie et croire qu'il s'agit d'une invention occidentale ?

De plus, si les pays occidentaux craignent réellement l'islam, pourquoi accueillent-ils autant de musulmans, leur accordant l'asile et de nombreuses aides ? Pourquoi tolèrent-ils la construction de tant de mosquées sur leur sol alors que les pays musulmans interdisent la construction d'églises sur les leurs ? S'il existe une réelle hostilité envers l'islam, pourquoi des centaines de milliers de musulmans tentent de rejoindre clandestinement les terres des infidèles et des apostats, souvent au péril de leur vie ? Les musulmans ne peuvent pas cacher la lumière avec un tamis et renier qu'ils jouissent ici de beaucoup plus de droits religieux que dans leur pays d'origine, où seule la confession du régime a droit de cité. Les exemples ne manquent pas : l'Arabie sunnite persécute ses chiites, l'Iran chiite réprime ses sunnites, le Maroc et l'Algérie luttent contre la montée du chiisme. La Syrie d'Assad, qui appartient à la minorité alaouite mais compte en son sein deux divisions sunnites, s'est lancée dans le massacre aveugle de toute forme d'opposition, dont de nombreux civils et des soldats de l'armée régulière, ignorant leur branche d'appartenance individuelle. La persécution et les tueries croisées attestent, sans l'ombre d'un doute, que l'Occident est innocent des accusations d'islamophobie à son encontre, et que l'islam politique a inventé ce terme pour y accélérer la ghettoïsation des musulmans, les opposer aux pays hôtes et les radicaliser.

L'usage excessif de ce terme a permis, par exemple, aux islamistes de justifier les attaques commises en France, en accusant le gouvernement et la population d'islamophobie. L'attentat contre *Charlie Hebdo* serait de ce fait mérité, une réaction normale des musulmans pour se défendre contre cette déviance infondée du journal. L'attaque de Nice est également justifiée par la politique étrangère française islamophobe.

De fait, les trois catégories de terroristes sont complémentaires. La première est composée des *oulémas* qui endoctrinent la jeunesse et la transforment en bombes ambulantes, la deuxième comprend les terroristes qui commettent les attentats après avoir reçu un lavage de cerveau par les premiers et la troisième catégorie englobe la majorité des musulmans qui se disent modérés mais refusent de dénoncer les deux premières et leur trouvent des excuses. Leur silence et leur inaction en font leurs complices.

L'islam politique et son versant terroriste menacent le monde libre et ses valeurs : ils veulent imposer leur doctrine par la force. Il est du devoir de l'Occident de se défendre et de dénoncer ces *oulémas* qui fabriquent des terroristes en leur enseignant les textes sacrés qui appellent au djihad. Le monde doit s'unir et lutter pour débarrasser le Coran de ses versets guerriers et libérer l'islam de cette violence car, en définitive, la religion musulmane est mise en péril par son esprit belliqueux et conquérant. Le principal ennemi de l'islam n'est autre que l'islam lui-même.

Pis encore, le terme islamophobie devient un mot générique utilisé dans le terrorisme intellectuel pratiqué par les islamistes contre leurs détracteurs et qui peut se transformer en activisme physique. Je constate en effet que les attaques qui se sont concentrées contre la France sont justifiées par ce qu'ils appellent l'islamophobie française. Ainsi, au lieu d'émettre une *fatwa* contre l'Hexagone, il suffit de l'accuser d'islamophobie pour le punir. Les intellectuels, y compris musulmans, qui appellent à réformer l'islam, à le moderniser et à le conformer à la vie moderne, subissent le même scénario. Ils sont accusés d'islamophobie et menacés dans leur vie quotidienne. Les islamistes, à court d'arguments, qualifient les journalistes et les débatteurs d'islamophobes pour les faire taire. Certains cherchent même à attribuer cette accusation récurrente à la laïcité pour soustraire l'islam à ses règles, alors que d'autres accusent la campagne contre Daech d'islamophobie.

Quelle ironie !

Pour sauver la laïcité, il est urgent de désamorcer l'islam politique et de soumettre la religion à la loi de 1905. Seule une laïcité sans concession est susceptible de ralentir puis de stopper l'activisme et la domination.

C'est un cri d'alarme que je lance aux Français pour sauvegarder leur liberté d'expression et de foi. La théocratie* musulmane se sert de l'islamophobie comme d'un masque de victime derrière lequel elle cache sa véritable nature et ses projets criminels. La bienséance a ses limites et il est temps que les Français cessent de céder à ce chantage.

HAINE CONTRE PARDON

Lors de la crise des migrants, au cours de l'été 2015, les musulmans étaient ravis que l'Europe ait accepté de recevoir et d'héberger des milliers de leurs coreligionnaires ; ils couvraient l'Europe d'éloges, et particulièrement l'Allemagne, sur les réseaux sociaux. Dans cet élan de remerciements, un commentateur est allé jusqu'à dire que « *l'Europe est musulmane sans musulmans* », une façon de dire que la noblesse du vieux continent était inspirée de l'islam et de ses valeurs. Ne supportant pas ce grotesque mensonge, je lui ai répondu avec ironie qu'effectivement l'Europe, et particulièrement la France, appliquent la loi islamique en amputant les voleurs, exécutant les assassins, lapidant les coupables de relations sexuelles hors mariage, persécutant les homosexuels, tuant ceux qui quittent la religion et tolérant la polygamie et le châtiment corporel de la femme qu'ils considèrent inférieure. Mon interlocuteur m'a alors accusé de détester l'islam : « Pourquoi toute cette haine contre la religion de la miséricorde ? » m'a-t-il lancé.

Ne voulant pas perdre mon énergie dans des débats stériles, j'ai mis un terme à cet échange qui a toutefois eu le mérite de révéler que les musulmans qui se prétendent modérés cherchent à embellir l'image de leur culture en lui attribuant la bonté des Européens non-musulmans, mais refusent d'entendre la vérité sur leur religion.

Quelle haine aurais-je véhiculée en décrivant l'islam tel qu'il est, sans artifice ni maquillage ?

Pourquoi les mahométans s'adonnent-ils volontiers à la critique des autres religions mais accusent d'haineuse toute critique envers la leur ?

Aujourd'hui en France, quiconque critique l'islam est taxé de racisme et accusé de nourrir des sentiments antimusulmans. En revanche, un Européen qui critique le christianisme est tout simplement considéré comme athée ?

Ne devrions-nous pas traiter toutes les religions selon les mêmes critères ?

Je blâme également la grande majorité des laïcs qui se refusent désormais d'évoquer l'islam, aussi bien sur son aspect religieux que politique, pour éviter justement d'affronter les musulmans et leurs menaces. Ces derniers en profitent, multiplient les intimidations et menacent la laïcité. Tétanisés, les militants font indirectement, par leur inaction, le lit de l'extrême droite qui capitalise sur le phénomène et progresse partout en Europe.

La haine contre l'islam devient la deuxième terminologie utilisée après l'islamophobie pour échapper au débat. Il vise particulièrement les laïcs d'origine musulmane ou arabe. Les pratiquants en abusent contre les ex-musulmans qui osent dénoncer les prêches virulents et les appels à la violence dispensés dans les mosquées et relayés dans leurs quartiers. Mais où est la haine à dénoncer la haine ? Faire semblant de ne pas la voir ne la fait pas disparaître. Arrêtons d'adopter la politique de l'autruche et d'enterrer nos têtes dans le sable pour ne pas voir le danger. La haine enseignée dans les milieux islamiques nourrit la violence et le terrorisme et nous devons la dénoncer. Il est interdit de tolérer l'intolérable tout comme il est indispensable de lutter contre les voleurs et les assassins. Il est de notre devoir de lutter contre la parole mobilisatrice et l'endoctrinement qui, sous couvert de liberté d'expression, enfantent le terrorisme. Tolérer ce comportement relève donc de la lâcheté dont le rejet doit aller de pair avec le refus des « protocoles sur le pardon » que certains appellent de leurs vœux. D'autant plus que les musulmans sont fiers d'avoir accordé aux minorités qu'ils ont soumises et gouvernées à travers l'histoire des protocoles similaires. Or, ces protocoles ont créé une véritable ségrégation entre des citoyens de différentes zones. Au contraire, nous devons œuvrer pour débarrasser les musulmans de leur statut imposé et en faire des citoyens à part entière, ayant les mêmes devoirs et les mêmes droits.

Les musulmans accusent l'Occident de haïr leur religion et leur culture, mais pourquoi eux-mêmes abhorrent-ils l'Occident ? La question mérite d'être posée et les possibles réponses expliquées. En effet, dans une grande majorité, les musulmans chiites et sunnites – à l'exception des musulmans du Sud-Est asiatique, notamment en Malaisie et en Indonésie –, estiment que l'Occident les menace : ils l'expriment régulièrement à travers les manifestations populaires et systématiquement sur les réseaux sociaux. Leur hostilité à l'égard des autres pays n'est plus à démontrer, et ce sont les courants islamistes qui sont en première ligne face à ce qu'ils qualifient d' « Occident croisé », suivi par les nostalgiques de « l'unité arabe » qui poursuivent une lutte d'arrière-garde contre ce qu'ils désignent comme le capitalisme colonialiste. En marge de ces mouvements, la gauche marxiste affiche son hostilité à ce qu'elle appelle l' « Occident impérialiste ». Toutefois, cette haine viscérale n'empêche pas des millions de musulmans d'immigrer vers les Etats-Unis et l'Europe pour fuir les conditions de vie dans leurs pays d'origine, la persécution et l'oppression dont ils sont victimes.

Plusieurs facteurs alimentent la haine des musulmans contre l'Occident, mais l'islam en demeure le principal moteur. Il s'appuie sur les guerres religieuses qui l'ont opposé à l'Occident depuis les conquêtes islamiques de l'époque byzantine, des empires omeyade et abbasside jusqu'aux invasions ottomanes, conflits durant lesquels les mahométans étaient pourtant les assaillants. Les croisades chrétiennes reviennent-elles aussi souvent sur le tapis, avec plus de virulence puisque les européens assument leurs rôles actifs dans les innombrables combats que l'ouverture de la route vers Jérusalem a générés. Cette hostilité ancestrale se nourrit également du passé colonial des puissances européennes qui se sont partagé les pays musulmans au nom de la diffusion de leur civilisation, y compris les exactions qui ont été commises contre les autochtones. Bien que les Européens aient fait leur *mea culpa* en aidant leurs anciennes colonies fraîchement indépendantes à accéder à la démocratie et à développer leur économie, ils demeurent responsables, dans l'inconscient collectif musulman, de la régression de leur pays. Les accusations de pillage de leurs richesses sont remises sur le tapis sous le prétexte du néocolonialisme, surtout après les campagnes américaines en Afghanistan et en Irak.

L'islam politique s'appuie ainsi sur le passé lointain – Empire romain d'Orient, croisades – comme, sur le passé récent du colonialisme et sur le présent en pointant l'Irak, l'Afghanistan, la Somalie, le Mali, la Libye et tout autre exemple plus ou moins pertinent. Chaque prétexte est bon pour mobiliser les musulmans et les endoctriner contre cet Occident agresseur dénoncé comme autocrate et dictateur. Aussi, cette hostilité se nourrit de la littérature islamique qui se répand à travers le monde suite au choc pétrolier des années 1970, à l'origine de l'enrichissement des monarchies du Golfe, et la victoire de la révolution iranienne. Depuis, les puissances sunnites et chiites se concurrencent dans l'exportation de l'islam et la diffusion de livres, de CD, DVD et autres supports de la radicalisation islamique, notamment la télévision, les prêches et les revues qui renforcent l'implantation de la doctrine dans la pensée collective des fidèles. Elles ont créé et soutenu les mouvements radicaux pour accroître leur influence sur ces territoires. Ce phénomène a conduit à la radicalisation d'une jeunesse en proie à la marginalisation, à l'oppression et à la paupérisation des dictatures qui sont devenues, au même titre que l'Occident, une cible de choix pour l'islam politique.

Aussi, la cause palestinienne constitue l'un des principaux carburants de la haine musulmane à l'égard de l'Occident, accusé d'avoir implanté et soutenu l'Etat hébreu en chassant avec violence la population locale. Le prétexte palestinien est au cœur des tractations islamiques : il représente un symbole fort qui permet de déterminer l'allégeance des pays du monde avec l'islam, en fonction de leur attitude et prises de positions vis-à-vis des Palestiniens et d'Israël. Ainsi, autant les musulmans haïssent les Etats-Unis et l'Europe pour leur soutien à l'Etat juif, autant ils apprécient le soutien des pays non-musulmans aux Palestiniens, comme le Venezuela et le Brésil. Toutefois, la reconnaissance de l'Etat de Palestine par certains pays européens, comme la Suède et la France, n'a pas désamorcé la haine que leur vouent les islamistes.

Enfin, cette haine se nourrit de la théorie du complot que chérissent les musulmans. La plus répandue dans les pays arabes et musulmans porte sur les conspirations américaines, maçonniques et sionistes qui viseraient à détruire l'islam et les musulmans. Dès lors, le complot rythme la vie des musulmans ; ils le voient partout, y compris dans les produits technologiques, culturels et médiatiques occidentaux. Tous ces facteurs ont un dénominateur commun. L'islam sert en effet de ciment et de mobilisateur.

La haine de l'Occident d'une part, et l'absence de réaction de ses représentants pacifistes d'autre part, menacent la laïcité. L'Occident est appelé à la sanctuariser et à la protéger, d'autant plus que les « pacifistes extrémistes » dilapident indirectement cette valeur qui profite à ses ennemis. Ceux-ci justifient l'irruption de la violence et du terrorisme dans leur société en rappelant l'histoire sanguinaire de l'Eglise chrétienne du Moyen Âge.

Il est vrai que toutes les religions ont commis des horreurs au nom de Dieu. Mais au moment où le judaïsme et la chrétienté ont évolué en se débarrassant de l'essentiel de leur violence, celle-ci demeure un fondement de l'islam, héritage funèbre de Mahomet, de ses compagnons et des premiers califes. Quatorze siècles après son avènement, l'islam refuse d'évoluer et s'attache à la violence intrinsèquement inscrite dans ses textes sacrés.

Combien de massacres au nom de l'islam doit-on tolérer avant que notre conscience sorte enfin de son sommeil et de sa culpabilité imposée par la propagande islamiste ? Combien d'attentats et de victimes innocentes la France peut-elle encore tolérer sur son sol avant de décider enfin d'étudier ce phénomène et de le désamorcer ? C'est une urgence absolue.

LA BANNIÈRE DU RACISME

Le racisme est également un terme qui, collé à n'importe quel Français qui ose critiquer l'islam, est susceptible de le tuer médiatiquement. Pour moi, ce qualificatif est une arme intellectuelle qui équivaut à la kalachnikov. Même en admettant que le racisme se répande en France à grande vitesse, surtout après la vague d'attentats qui a secoué le pays, ce n'est pas une raison pour accepter la corrélation, voire l'amalgame, entre critique de l'islam et racisme. Il est important de ne pas perdre de vue que, malgré l'attitude communautariste de ses fidèles, il s'agit d'une religion et par extension, d'une culture, mais certainement pas d'une « race », étymologiquement parlant. Les musulmans peuvent être Arabes, Africains, Asiatiques et Européens. L'islam est une croyance doublée d'une idéologie très marquée qui lui est propre ; il est donc permis d'en discuter et d'en débattre. C'est même une nécessité pour dénoncer l'islam politique, les imams et mollahs autoproclamés et les *oulémas* qui endoctrinent les jeunes et nourrissent chez eux le racisme antifrançais et antioccidental. Il s'agit avant tout de faire appliquer la loi.

La laïcité souffre de cette qualification qui lui est attribuée à dessein, et qui contribue à la ségrégation confessionnelle. Il faut que la laïcité impose l'égalité entre les citoyens, quelle que soit leur religion et leur origine raciale ou ethnique. Mais l'islam, comme on l'a déjà vu, rejette la citoyenneté et refuse de se dissoudre dans la République. Les musulmans en France usent du terme « racisme » pour désigner la société à laquelle ils refusent d'adhérer et tombent dans leur propre piège. Pour éviter cette problématique, ils doivent cesser de s'identifier à l'islam et d'utiliser la religion dans les limites imposées par un pays laïc et une société civile. Il faut qu'ils cessent d'user de marqueurs identitaires, comme le voile, la barbe, le kamis ou le niqab, qu'ils taisent leurs revendications concernant l'abattage rituel et la viande *halal*. Ces revendications ont mené à des guerres civiles atroces dans les pays musulmans, et il est inconvenant de les importer en France.

Serais-je extrémiste dans mon raisonnement ? Je ne le pense pas, car je ne critique pas les musulmans modernistes qui, malheureusement, sont silencieux et n'ont aucun poids face aux activistes radicaux et aux tenants de l'islam politique. Mes critiques visent essentiellement l'institution islamique et les mouvements militants qui s'accrochent à leur culture passéiste et qui a toujours échoué à édifier des sociétés éclairées et pacifiées. Quoi qu'il en soit, il n'est pas facile pour les musulmans et aux populations issues d'autres confessions de s'intégrer dans les sociétés occidentales laïques tout en s'accrochant à leur religion. Ils doivent s'adapter à la nouvelle vie pour la réussir. Ainsi, ils contribueraient à son enrichissement et à sa diversification, sans pour autant créer de ghettos en son sein.

J'essaie de diagnostiquer les problèmes qui menacent la société française divisée et tiraillée. Je ne critique pas ceux qui ont adhéré aux valeurs de la République et qui pratiquent leurs traditions culturelles et religieuses d'origine, contribuant ainsi à enrichir la France. En revanche, je critique ceux qui se barricadent derrière leur identité d'origine, leur religion qu'ils pratiquent de façon sciemment provocatrice ou qui recourent à leur interprétation détournée de la *taqqiya*, ce mode de protection pacifique contre la persécution devenu l'art de la dissimulation à des desseins guerriers. Surtout, je condamne ceux qui enseignent et alimentent la haine envers leur société adoptive.

Le bruit des sirènes, des cornes de brume et la clameur rageuse des boulevards est rarement le fait d'arme des héritiers historiques de l'Hexagone chrétien. Pour être objectif, la majorité catholique en France est silencieuse et discrète dans l'espace public. La communauté judaïque est très discrète elle aussi, les seules polémiques possibles trouvent leurs sources autour du conflit israélo-palestinien, et presque exclusivement sur les terres concernées ; elles se limitent à des manifestations pacifiques en commémoration des victimes du terrorisme que génère les tensions locales. Le plus souvent, la rage et la violence vient de leurs opposants musulmans.

Systématiquement, on y trouve des drapeaux israéliens brûlés et piétinés, ou des drapeaux palestiniens occultés par la bannière marquée de l'étoile de David. Les affrontements se poursuivent sur les réseaux sociaux, chaque partie dénonçant le comportement de l'autre. Ce faisant, les deux camps oublient les victimes du terrorisme et permettent à ce fléau de se poursuivre. Ce comportement, et les échanges des accusations – antisémitisme contre islamophobie – minent la cohésion de la société française qui subit les échos d'un conflit qui ne la concerne pas. Les uns s'abritent derrière l'antisémitisme et les atrocités commises durant la Seconde Guerre mondiale, les autres s'arment de l'islamophobie et du racisme pour dénoncer l'oppression religieuse dont ils s'estiment victimes.

La communauté juive de France, très discrète, ne pose aucun problème et ne peut en aucun cas être taxée de raciste. Les juifs forment une communauté soudée mais parfaitement intégrée. Quant à la guerre qui fait rage dans la bande de Gaza, c'est un problème qui doit rester hors des frontières de l'Hexagone ; les Français n'ont pas à faire les frais d'un conflit qui ne les concerne en rien. Cette confusion doit être démêlée, la distinction doit être faite entre les tourments qui concernent la France et ceux dans laquelle cette dernière n'a rien à voir.

RADICALISATION ET RÉGRESSION

Depuis la naissance de Daech, des théories ont émergé affirmant qu'il s'agissait d'une création américaine et israélienne destinée à ternir l'image de l'islam. Pourtant, cette organisation, essentiellement fabriquée dans les prisons du régime syrien pour islamiser la révolution pacifique de son peuple, ainsi que pour diaboliser l'opposition à Bachar Al-Assad en le présentant comme un allié de l'Occident, est un produit à cent pour cent musulman. Un grand nombre de ces derniers, pour ne pas dire la majorité, désignent Daech comme le fruit d'une conspiration ourdie par l'Occident contre l'islam, comme ils ont attribué les attentats du 11 septembre 2001 et ceux de *Charlie Hebdo* à un complot contre leur religion. Ce discours est destiné à l'opinion publique étrangère et à redorer l'image de l'islam. Mais entre eux, ils se sont félicités de ces attaques contre la tête de la mécréance américaine ou pour venger le prophète à la suite des caricatures. Dans de véritables scènes de liesse populaire, ils se sont réjouis du nombre de morts et ont distribué des gâteaux et autres sucreries dans les rues.

De même, l'application stricte de la *charia* par Daech, comme les amputations des voleurs, la lapidation des fornicateurs et l'exécution des homosexuels, ne suscitent aucune réprobation de la part des musulmans. Ils dénoncent Daech mais pas son idéologie.

Pour cause, il n'est un secret pour personne que Daech ne fait qu'appliquer à la lettre l'islam authentique tel qu'il fut créé, vécu et répandu par Mahomet et ses successeurs. Il suffit en effet de parcourir l'histoire de l'islam ou de lire le Coran pour découvrir le nombre impressionnant de sourates et versets qui appellent au djihad.

J'ai publié des images horribles d'exécutions commises par Daech sur ma page Facebook pour dénoncer sa cruauté. Un musulman a réagi en me demandant de supprimer ces photos : « Mon frère, ces images horribles nuisent à l'islam. Daech n'a rien de musulman, c'est une organisation à la solde des ennemis de la *Oumma* qui cherchent à détruire notre religion de paix et de miséricorde », m'a-t-il dit. Je lui ai répondu que ces exactions étaient pourtant recommandées par le Coran et que, c'était pour cette raison que j'avais quitté l'islam et étais désormais devenu athée. Quelle fut ma surprise en lisant sa réponse : « Tu as quitté l'islam ? Donc tu es un renégat. Il faut te tuer. »

Cet échange montre bien le degré d'endoctrinement et prouve, sans l'ombre d'un doute, qu'il n'existe aucune différence entre les radicaux qui tuent au nom d'Allah et les prétendus modérés qui applaudissent et leur trouvent des circonstances atténuantes. L'erreur, en France, c'est que les médias utilisent le terme « extrémiste » pour désigner les djihadistes qui massacrent et terrorisent les civils et appellent « modérés » tous les autres. Pourtant, ceux qui croient en la *charia* et rêvent de l'appliquer, qui refusent l'égalité des sexes, qui imposent l'islam et ses symboles dans la vie quotidienne, qui réclament la séparation des hommes et des femmes dans l'espace public, qui introduisent la religion à l'école à travers la viande *halal*, qui exigent le voile, qui veulent adapter la société à leur idéologie, qui applaudissent l'exécution des renégats et veulent islamiser par la prédication sont tous des extrémistes, même s'ils n'ont pas – ou pas encore – porté les armes.

De fait, tous les musulmans répondant à ces critères doivent donc être considérés comme des radicaux. L'islam modéré est pratiqué de façon verticale, dans une relation unique qui lie l'individu à son Dieu et qui ne déborde pas sur autrui. Dans l'espace public, l'individu doit juste être français. Le musulman modéré ne s'impose pas dans la religiosité de sa femme, de ses enfants, de ses voisins et de ses amis. Il ne doit pas prêcher la parole de Mahomet pour répandre la religion. Il ne peut pas prétendre que Daech ne représente pas l'islam sans dénoncer ses crimes. Rappelons que tous les musulmans ne sont pas des terroristes, mais tous les terroristes actuels sont des musulmans. Ceux qui ne le sont pas ne composent aucunement l'environnement dans lequel prolifèrent les terroristes.

En Allemagne, les vrais nazis étaient minoritaires mais, en les laissant agir, ils ont fait soixante millions de victimes. En Russie, les bolchéviques étaient également minoritaires mais sont à l'origine de dizaines de millions de morts à travers le monde.

A Paris, ils n'étaient que deux. Ils ont pourtant assassiné *Charlie Hebdo*, au sens propre comme au figuré, abattant ainsi un symbole national fort. Il a ensuite suffi de sept individus pour massacrer cent-trente innocents paisibles au Bataclan et dans les brasseries proches. A Nice, un seul a suffi pour enlever la vie à près de cent estivants rassemblés pour commémorer une date importante et symbolique de l'histoire de France.

Arrêtons d'avoir peur de dire la vérité et traitons le problème à sa racine. Que ceux qui justifient ces actes ignobles en affirmant que « *leurs auteurs n'ont pas compris l'islam, s'en sont dévié ou ne le représentent pas* » cessent leur entreprise nuisible. Les milliers de combattants de Daech et les millions de leurs soutiens éparpillés entre l'océan et le Golfe persique, n'auraient simplement pas compris les préceptes de l'islam ? Les milliers d'*oulémas* qui éditent leurs *fatwas*, et autant d'imams qui enseignent cette pensée djihadiste auraient mal compris le Coran et ne le représenteraient pas non plus ? Des dépositaires comme Ibn Taymyya, Ibn Kathir, Tabari et autre Qartabi auraient mal interprété le dogme qu'ils ont imposé avec conviction ?

Pour moi, seuls les musulmans qui vivent leur humanité avant leur religion représentent le véritable islam, ou ce qu'il devrait être. Ceux qui prient et jeûnent, sans prêcher et sans tenter de convertir les autres, sans imposer leurs valeurs sur leur environnement, le représentent réellement. Autrement dit, tous ceux qui explorent l'islam en profondeur et l'appliquent à la lettre sont potentiellement ou concrètement des terroristes, au mieux ils finiront par le devenir. Les croyants qui le découvrent en profondeur et appliquent leur humanité finissent par le quitter. Le dénominateur commun entre tous les terroristes, qu'ils soient en Orient, en Europe, aux Etats-Unis, en Asie ou en Australie est l'islam. L'ayant étudié et l'appliquant scrupuleusement, ils sont devenus terroristes.

Alors, une question s'impose : qui représente réellement l'islam ? En réalité, personne ne représente les musulmans qui manquent d'une institution hiérarchique. Ni les sunnites, ni les chiites, ni les soufis ne peuvent prétendre représenter cette religion, ce qui explique la guerre interminable qui les oppose depuis la scission. De ce fait, il faut faire la distinction entre l'islam et les musulmans. L'islam est incarné par le Coran et la *Sunna*, par les actes du prophète Mahomet, de ses compagnons et de ses successeurs. Les musulmans sont ceux qui appartiennent à cette religion par naissance, par héritage ou par conversion. Ainsi, Daech représente l'islam dans sa forme politico-religieuse, et non les musulmans en tant qu'individus.

Bien que si, parmi les croyants, une partie ne pratique pas tous les enseignements de leur religion, ne fait pas nécessairement les cinq prières quotidiennes et n'effectue pas obligatoirement le pèlerinage à la Mecque, cela ne signifie pas pour autant que l'islam n'impose pas sa rigueur caractéristique de manière générale. De même, les musulmans n'épousent pas systématiquement quatre femmes, la plupart se contentent souvent d'une seule, cela ne signifie pas non plus que l'islam interdise la polygamie.

De fait, la religion, quelle qu'elle soit, ne se définit pas par le comportement de la majorité de ses disciples, mais par le contenu de ses textes fondateurs, en l'occurrence le Coran et la *Sunna*, ainsi que par ses symboles, Mahomet et les premiers califes. L'étude approfondie des textes fondateurs et des devises nous enseigne que l'islam est violent, que Mahomet a commis des crimes de guerre, des viols et des pillages, que le Coran ordonne le djihad et les décapitations. A partir de là, on ne peut pas parler de branche modérée. Il veut s'imposer et remplacer les autres religions. Il est par définition destructeur, à l'instar de ses concurrents. L'islam s'est inspiré du judaïsme et de la chrétienté et a voulu les remplacer. Pour y parvenir, il fallait les éradiquer sous prétexte qu'ils ont été déviés et qu'ils représentaient l'impiété. A l'instar de toutes les idéologies exclusives, comme le marxisme ou l'eugénisme, l'islam se veut l'unique détenteur de la vérité et l'incarnation de son salut. Son hégémonie, son dogmatisme et sa tyrannie font de l'islam un mouvement éradicateur. Ceux, parmi les non-musulmans, qui s'efforcent de chercher un islam modéré démontrent leur ignorance de la nature même de cette religion. Les musulmans qui défendent un islam prétendument tempéré ignorent aussi les fondements de leur foi ou font preuve de duplicité et d'hypocrisie. Ils occultent son histoire sanguinaire pour la présenter sous un meilleur jour.

De ce fait, on ne peut pas parler de musulmans modérés.

Ils ont applaudi les actes terroristes, prêché la haine de l'Occident, attaqué des églises et tué des chrétiens dans plusieurs pays d'Afrique, d'Asie et même d'Europe. Parallèlement, d'autres musulmans se définissant comme mesurés attaquaient *Charlie* devant la justice. Peut-on alors parler de modération ? Je préfère ne pas utiliser le terme de « musulmans pacifistes » mais plutôt de « pacifistes épisodiques ». Ils peuvent muter rapidement et devenir des militants, des activistes puis des terroristes, comme en attestent les auteurs des attentats de Paris, qui, quelques semaines avant leurs forfaits, buvaient de l'alcool, consommaient de la drogue et écoutaient de la musique. Ils vivaient à l'occidentale avant de se transformer subitement en zélotes radicaux, en terroristes actifs et meurtriers. La majorité des musulmans peuvent suivre le même chemin du moment qu'ils se nourrissent des mêmes textes et de la même idéologie.

Les musulmans peuvent ainsi être classés en plusieurs catégories :

Les musulmans arabes ruraux, peu éduqués. Ils ne connaissent de l'islam que quelques notions basiques, comme les prières et le jeûne. Ils s'occupent à gagner leur vie et sortir tant bien que mal de la misère. Ils n'ont pas le temps d'endoctriner leurs enfants et de répandre le dogme. Leurs conditions de vie ne leur permettent pas de prendre part au terrorisme, mais font l'éloge des « razzias victorieuses ». Cela fait d'eux des islamistes passifs.

Les musulmans arabes urbanisés, éduqués mais peu cultivés. Ils appliquent l'islam de façon plus rigoureuse et représentent la pépinière dans laquelle recrutent les mouvements radicaux. Ils constituent le réservoir humain des groupes terroristes.

Les musulmans arabes éduqués et cultivés. Ils sont les plus dangereux car ils dirigent les mouvements idéologiques et endoctrinent la catégorie précédente. Ils louvoient et s'efforcent parallèlement à présenter l'islam comme la religion de la miséricorde. Tariq Ramadan, le petit-fils du fondateur des Frères musulmans, incarne parfaitement cette catégorie.

Les musulmans non-arabes – Turcs, Pakistanais, Indiens, Afghans, Bangladais, Africains, Philippins, Indonésiens, Chinois, Malaisiens, entre autres nationalités – qui ont appris le Coran par cœur, mais peinent à le comprendre puisqu'ils ne parlent pas l'arabe. Ils deviennent ainsi des cibles faciles pour les recruteurs de terroristes qui les convainquent que « celui qui tue un impie accède au paradis et retrouve les 72 vierges promises aux martyrs ». Ces populations ont été islamisées par la force et sont atteintes d'une forme perverse du syndrome de Stockholm. Elles font de ce fait de la surenchère islamique. On retrouve ainsi un nombre important de terroristes d'origine pakistanaise.

Les musulmans européens autochtones. Ce sont les musulmans issus de l'invasion turque, et sont essentiellement basés en Bosnie, Roumanie, Bulgarie et Albanie. Ils sont peu violents, sans doute en raison de leur origine et leur culture européenne. Pourtant, de nombreux combattants issus de ces populations ont rejoint Daech en Syrie et en Irak pour défendre l'islam.

Les musulmans immigrés qui ont rejoint l'Europe au lendemain de la Seconde Guerre mondiale (les Turcs en Allemagne) et après la décolonisation comme les Algériens en France. Ils ont été rejoints, plus récemment, par les exilés politiques et par les migrants clandestins. Bien que la première génération d'immigrés soit relativement bien intégrée, ses descendants et les nouveaux migrants le refusent. Vivant dans la précarité, ils deviennent une cible facile pour les recruteurs, très actifs sur le plan caritatif et doctrinal, principalement dans les zones urbaines précaires. Cette population constitue également un terreau fertile au terrorisme.

Il est faux de dire que le terrorisme islamique est apparu ces quarante dernières années, comme certains le prétendent. En réalité, la violence est un marqueur génétique des populations moyen-orientales préislamiques, qui vivaient de razzias et d'affrontement entre tribus nomades, de vols, de pillage et de viols. Mahomet a canalisé cette violence en lui trouvant des justificatifs religieux à travers des versets taillés sur mesure. Il a transmis ce terrorisme religieux à ses compagnons et ses successeurs qui l'ont pratiqué lors des conquêtes. Sous cette appellation, les empires musulmans successifs ont appliqué le terrorisme jusqu'en Europe de l'Est et du Sud.

Après la chute du dernier Califat ottoman de 1924, Hassan Al-Banna a fondé la confrérie des Frères musulmans, en 1928, pour guider les nostalgiques du Califat et former « l'organisation secrète », le bras armé de la confrérie qui a commis de nombreux assassinats politiques. L'échec de la tentative de meurtre sur Gamal Abdel Nasser, à Manchiah, a précipité la répression de la confrérie et l'exécution de son fondateur. Ses disciples se sont réfugiés principalement en Arabie saoudite, où ils ont été pris en charge et exploités par le royaume wahhabite, hostile au socialisme et au nationalisme de Nasser. Cette cooptation saoudienne de la confrérie a coïncidé avec la découverte du pétrole et l'enrichissement du royaume qui a investi dans l'exportation de l'islam le plus rétrograde, en finançant les écoles coraniques et les mosquées. En Afghanistan et au Pakistan, l'Arabie a créé plus de 12 000 écoles religieuses qui ont formé les Talibans et autres mouvements radicaux. C'est ce qui a valu à l'Arabie le titre de « royaume du mal ». Le terrorisme islamique a ainsi pris une nouvelle dimension internationale durant les quatre dernières décennies grâce à la manne pétrolière du Golfe.

Malgré ces données historiques sur le lien intrinsèque entre l'islam et le terrorisme, certains intellectuels musulmans et leurs relais médiatiques persistent à nier la réalité et affirment, à dessein, que la majorité des musulmans condamne ces actions et ne les pratique pas. L'Occident a certes exploité cette tendance sanguinaire de l'islam pour vaincre l'Union soviétique en Afghanistan et l'empêcher d'étendre son influence sur l'Orient, mais ce n'est pas ce qui a créé le djihad. Il est légitime de s'interroger sur les raisons pour lesquelles l'Occident n'a pas créé de kamikazes chrétiens en Orient pour défendre la chrétienté, ou le Tibet des kamikazes bouddhistes pour combattre la Chine.

Réveillons-nous avant qu'il ne soit trop tard et reconnaissons que les pratiques des terroristes sont directement issues du Coran. Leur idéologie trouve ses racines dans l'ère du prophète et leur rêve est de revenir à l'islam authentique de ses débuts et à sa pureté toute subjective. Ils considèrent de ce fait que les populations musulmanes contemporaines se sont éloignées des valeurs authentiques et précipitent la décadence de leur propre idéologie. Pour y remédier, l'objectif des radicaux est de ramener les musulmans dans le droit chemin et de convertir les non-musulmans pour les sauver de la perdition. L'ironie du sort, c'est que les plus rétrogrades, qui prônent un retour aux années 600 de notre ère, utilisent les moyens technologiques les plus modernes pour répandre leur venin.

Il en résulte que les partisans de l'islam politique, les radicaux et ceux qui se prétendent modérés, sont tous issus de la même école idéologique et boivent à la même source, le Coran. Toutes les tendances constituent des vases communicants où l'individu peut naviguer au gré des jours et des opportunités entre la piété, le militantisme et le terrorisme, et trouve toujours des *oulémas* et des intellectuels qui justifient ces actes et nient leur attachement à la religion.

D'autres terminologies ont fait leur apparition en Occident pour normaliser l'anormal et justifier l'injustifiable. Comme, à titre d'exemple, le terme djihad que certains intellectuels ont distillé en France en affirmant qu'il ne s'agit pas nécessairement du recours aux armes. Leur théorie fallacieuse porte sur le « combat spirituel » et la « prédication ». Ils affirment que le djihad signifie le travail du musulman sur soi pour supporter les conditions de vie dans une société non-musulmane. Il s'agit effectivement de l'une des définitions du djihad, mais elle est erronée car incomplète. Sinon, comment expliquer les appels au djihad lancés systématiquement lors des manifestations de soutien aux Palestiniens, émaillées d'appels à tuer des juifs ? Comment expliquer les appels aux musulmans, où qu'ils se trouvent, à financer et armer les Palestiniens contre les juifs, et non contre les Israéliens ? Ce comportement prend en otage la cause palestinienne et irrite accessoirement ses vrais soutiens qui finissent par s'en détourner de peur de cautionner le djihad.

L'introduction et l'usage de ces terminologies dans l'espace public français nuisent dangereusement à la laïcité, et l'Etat ne doit tolérer aucune exploitation de la religion, de surcroit quand celle-ci appelle à la violence. Comment tolérer que la place de la République, à Paris, symbole des valeurs de la Révolution française, de la tolérance et de l'humanisme, puisse se transformer en une tribune islamiste pour lancer les appels au djihad comme ce fut le cas à plusieurs reprises ces dernières années ? Pis encore, les islamistes profitent de la tolérance de la société française, de la laïcité et de la liberté d'expression, ainsi que de l'islamophobie et du racisme dont ils taxent leurs détracteurs, pour distiller d'autres expressions détournées, comme la *charia*. Ils affirment que celle-ci incarne la paix et l'amour, occultant sa vraie portée en tant que code civil islamique qui couvre l'ensemble de la vie : son côté vestimentaire, l'état civil (mariage, héritage, etc.) ou encore l'alimentation. Cette infiltration douce mais méthodique s'exprime, entre autres moyens, à travers la distribution de tracts invitant les musulmans à s'impliquer dans la vie politique française à travers les élections pour propulser leurs représentants au pouvoir. Ainsi, lors d'une manifestation de soutien aux Palestiniens, des militants islamistes invitaient les participants à soutenir un parti islamiste en gestation. A défaut de présenter et d'expliquer son programme politique, les militants privilégiaient l'argument confessionnel : « *Mes frères, il vaut mieux élire des députés musulmans, même sans programme, que voter pour des élus mécréants* » disaient-ils textuellement. Ainsi, l'islam politique utilise en France la recette qui a échoué partout ailleurs, sauf à répandre le chaos. « L'islam est la solution » devient un slogan aussi vide de sens que dépourvu de réflexion et interdit de critique. Les promoteurs de cette implication islamique en politique, arriviste et opportuniste, ne présentent aux électeurs aucune solution aux problèmes socioéconomiques, à la crise du logement, du travail, de la santé publique, de l'éducation. Mais ils comptent, une fois élus, régler ces crises à travers la *charia*.

Bien que la démocratie soit désignée comme une ennemie de l'islam politique, celui-ci entend l'exploiter pour la soumettre, comme il l'a déjà fait avec l'islamophobie pour abattre la laïcité. Par définition, l'islam représente la voie de la loi divine et ne peut se soumettre à la législation des humains, surtout quand ceux qui l'établissent sont des « mécréants ».

Les tentatives islamistes de noyauter la société française menacent de précipiter le pays dans une guerre confessionnelle, surtout si rien n'est fait pour sanctuariser et renforcer les acquis et autres valeurs de la République. Il est nécessaire et urgent d'agir sans se soucier de paraître islamophobe ou raciste car, pour l'islam politique, le pouvoir doit revenir à Dieu qu'ils prétendent représenter. Leur priorité devient alors la chute de la démocratie et la répression des libertés. Pour ne pas en arriver là, il faut interdire la création de partis politiques fondés sur des critères religieux (PMF, UDMF, etc.), enveloppés dans le drap de la démocratie. D'ailleurs, le summum de l'hypocrisie réside dans la propagande des promoteurs de ces mouvements. Ils affirment que l'obstacle majeur qui empêche les musulmans de s'intégrer en France est leur non-représentativité politique, et ils entendent bien y remédier.

La permissivité des autorités a permis aux islamistes d'inventer une nouvelle expression pour critiquer la laïcité et ses défenseurs, dernier obstacle devant leur projet. Ils les qualifient désormais de « laïcards extrémistes ». Or, par définition, la laïcité vomit tous les extrémismes et, contrairement aux religions radicales qui tendent vers l'exclusion de l'autre, l'extrémisme « laïcard » défend une application stricte de la laïcité. La comparaison est erronée et l'erreur est de taille. Si l'islam prônait réellement la paix et la miséricorde, les extrémistes musulmans auraient été les champions, ce qui est loin d'être le cas. Ils cherchent ainsi à travestir la laïcité pour la détruire et faciliter l'islamisation.

UNE COLONISATION GRADUELLE

De ce qui précède, on constate aujourd'hui que la laïcité est malade. Son affaiblissement et sa disparition, à terme, permettent l'accélération de l'islamisation qui s'étend désormais dans les banlieues, où une *charia* « *soft* » a déjà pignon sur rue. Cette *charia*, même allégée, s'applique à travers les premiers signes islamiques comme le voile, le foulard, la burqa, la barbe et les célébrations religieuses dans l'espace public. Il s'agit de démonstrations de force préméditées, destinées à afficher la force, la détermination et l'ancrage de l'islam.

D'aucuns se demandent pourquoi ces manifestations extérieures sont de plus en plus nombreuses en France, y compris dans les milieux musulmans de l'Hexagone, alors qu'elles n'y étaient pas il y a encore quelques décennies ? C'est tout simplement le résultat d'un travail de fond entrepris par l'islam politique depuis son installation sur le sol de la République. Ce militantisme a ses fondements politiques, sociaux et économiques qui lui permettront, à terme, de disposer d'une force militaire, déjà incarnée aujourd'hui par les acteurs de la violence et de l'intimidation. Cette inquiétante progression est proportionnelle à la croissance démographique de la communauté à l'intérieur des pays visés. Il faut prendre conscience que la France est en haut de la liste.

Pour réussir l'islamisation, ses promoteurs procèdent progressivement, en plusieurs phases :

La première se déroule quand les musulmans constituent 1 % d'une société donnée. Ils se comportent alors comme une minorité paisible et contribuent en bonne interactivité à la vie commune. Ils se considèrent comme la vitrine civilisée de l'islam pour mieux le faire connaître et accepter.

Dans la deuxième phase, ils représentent 3 % de la société et commencent à prêcher la « bonne parole » et à recruter parmi les populations marginales et les milieux carcéraux qui constituent des proies faciles.

La troisième phase est plus revendicative, puisqu'ils représentent entre 5 et 10 % de la population. Ils commencent par exiger des droits conformes à l'islam (viande *halal*, abattage rituel, aménagement des heures de travail en fonction des prières, etc.).

La quatrième phase, où ils constituent entre 10 et 20 % de la masse, ils s'estiment en droit d'exiger l'application de la *charia* dans leurs quartiers et recourent à la violence pour l'obtenir. C'est ainsi qu'ils s'attaquent aux débits d'alcool, agressent les non-jeûneurs et se manifestent bruyamment et fermement contre les symboles de l'Etat.

La cinquième phase commence quand ils deviennent entre 20 et 30 % de la population. Forts de leur nombre, ils forment des milices djihadistes, chargées de veiller à l'application du code islamique, comme c'est déjà le cas dans certaines localités de Grande-Bretagne.

A partir de 40 %, ils recourent à la « purification » sur les territoires visés en s'en prenant aux autochtones devenus minoritaires. C'est la sixième phase. Elle est suivie d'une septième qui, au-delà de 60 %, entraîne les crimes collectifs et l'épuration confessionnelle. Dans leur esprit, c'est quand la population est à 100 % islamisée que la paix peut enfin régner.

Ce cheminement progressif a été appliqué à travers l'histoire de l'islam depuis Mahomet. Et la France se trouve aujourd'hui à la fin de la deuxième phase et au début de la troisième. Localement, dans certaines *no-go zones*, la quatrième est déjà fermement lancée, voire déjà partiellement en place.

Cette sonnette d'alarme doit être prise au sérieux pour ralentir et arrêter cette islamisation méthodique qui consiste à légitimer des pratiques aussi invasives qu'inacceptables, à imposer à la population son idéologie dans ses moindres détails et à user de tous ses accessoires. Elle transforme la population en un troupeau géant qui suit aveuglément son guide, sans aucun discernement, et transforme le code civil ainsi neutralisé en un code divin non négociable, intraitable et incritiquable.

Cette vaste entreprise passe par un discours simpliste et réducteur qui recourt à l'islam pour résoudre les problèmes de la vie quotidienne : « L'islam est la solution. » Cette action massive est optimisée à travers la profusion des sites Internet, des livres et autres supports idéologiques, mais aussi par la propulsion de cadres idéologisés aux postes clés (élus locaux et nationaux sur des critères confessionnels), l'enrôlement de milliers de jeunes pour encadrer les adolescents, ainsi que par le déploiement massif sur le terrain éducatif, social et caritatif. L'islam devient ainsi visible et marque de petites victoires symboliques qui préparent la grande victoire décisive. Cette stratégie bien rodée produit ses fruits sur le long terme ; elle impose une vision religieuse dans tous les aspects de la vie tout en transformant la religion. La relation individuelle métaphysique entre la personne et son Dieu devient un mode de vie collectif dont l'objectif est de répandre les dogmes et de les renforcer. Le niqab deviendra alors une obligation religieuse, la mixité sera légalement prohibée, la bise entre deux personnes de sexe opposé deviendra un péché, la culture sera une mécréance, les présentatrices disparaitront des écrans de télévision ; la répression du vice et la promotion de la vertu, selon les critères sectaires et réducteurs qui forment le noyau de leurs valeurs, deviendront la norme.

Cette islamisation à doses homéopathiques passe par le formatage des cerveaux ; en acceptant les premiers pas et en s'habituant à leurs effets, la masse et ses dirigeants finissent par accepter les suivants. L'exemple du port du voile est édifiant à cet égard. Contrainte et pour éviter d'être accusée d'islamophobie, la société a accepté le port du voile et ne peut plus refuser le niqab, encore moins le burkini, comme ce fut le cas au cours de l'été 2016. La banalisation de ces phénomènes et leur généralisation excluent à terme la femme de l'espace public, sous le prétexte islamique qu'elle est inférieure. Accepter ces faits revient à tolérer la ségrégation entre les hommes et les « femelles », puis à autoriser les abus que les premiers imposent aux secondes. Celles qui ne se conforment pas au code vestimentaire risquent alors de subir des agressions sexuelles sous prétexte d'avoir provoqué leurs agresseurs. Au final, la société assistera, impuissante, aux crimes d'honneur qui découlent de ce processus infâmant.

Ce scénario est d'autant plus plausible que la majorité semble plongée dans ce que le philosophe allemand Emmanuel Kant (1724-1804) aurait qualifié de « sommeil dogmatique ». Il manque au peuple le courage de lutter contre sa propre islamisation et il se culpabilise de ne pas respecter cette nouvelle idéologie. Il finit inexorablement par perdre tout son humanisme et ses facultés de discernement. En résumé, la majorité capitule et accepte la loi religieuse et tout ce que celle-ci engendre comme oppression, répression, privation des libertés. C'est le suicide collectif assuré.

Par définition, la domination idéologique, quelle que soit sa nature, est totale. De surcroît, l'idéologie islamiste couvre les domaines politiques, sociaux et économiques ; elle permet aux plus ignorants et aux plus violents de dominer les plus éduqués et les plus pacifistes. Elle réhabilite les traditions ancestrales au détriment de la modernité. Elle vit dans le passé, les « origines » (*al-salaf* en arabe, racine étymologique du terme *salafisme*) pour détruire le présent et remodeler le futur. Elle vénère la mort en glorifiant le martyr et déteste la « joie de vivre ».

Elle est tout simplement criminelle.

L'ISLAMISATION PERSUASIVE

Au cours des siècles passés, et particulièrement depuis les croisades, de nombreux européens ont été séduits par la « magie de l'Orient ». Leurs travaux d'orientalistes les ont amenés à côtoyer l'Islam et à admirer l'hospitalité des musulmans d'antan et leur solidarité, au moment où l'Europe industrialisée détruisait les liens sociaux et familiaux au profit de l'individualisme. C'est ainsi qu'apparaissent les premières conversions (Louis Massignon, René Guénon, etc.). Ces conversions à la foi et la culture mahométanes se sont accélérées après l'exil de nombreux européens vers les pays musulmans pour fuir les idéologies dévastatrices et les guerres qui ont marqué le vieux continent à partir de la fin du XIXe et au cours du XXe siècle.

L'agressivité prédicatrice de l'islam et l'arrivée massive de musulmans en Europe, et particulièrement en France après la Seconde Guerre mondiale et la décolonisation ont donné une nouvelle dimension au phénomène. D'autant plus que l'effondrement du marxisme et du nationalisme, mais aussi la marginalisation économique d'un grand nombre de citoyens européens en l'absence de solidarité et de liens familiaux ont permis à l'islam de progresser et de remplir le vide spirituel. Chaque musulman étant en soi une institution religieuse (il prêche, interprète, décrète et exécute), sa force de persuasion s'en ressent à travers sa capacité à convertir son entourage. La boucle est bouclée avec les conversions opportunistes par le mariage ou celles de défiance, par volonté de rejet de sa propre société.

Grâce à mes fréquentations et mes déplacements dans les quartiers islamisés des banlieues françaises, j'ai décelé la méthodologie utilisée par les mouvements ayant pour but de séduire et de convertir les non-musulmans :

LA PROGRESSIVITÉ

La prédication est progressive et porte essentiellement sur l'existence de Dieu et sur les prétendues valeurs de l'islam : amour, paix, miséricorde, fraternité et solidarité. L'image cruelle de l'islam, celle de la violence et du terrorisme, est occultée, ainsi que la ségrégation sexuelle (châtiment de la femme, séparation des sexes, polygamie, etc.).

LA PRESSION SOCIALE

L'islamisation comble le déficit culturel et passe dans les prisons à travers la prédication mais également dans les écoles coraniques, dans les mosquées et les camps de vacances spécialement conçus pour endoctriner les plus jeunes. Ces derniers entraînent leurs semblables non-musulmans par mimétisme ou par intimidation. L'apparente appartenance à l'islam pallie ainsi le refus d'intégration et crée des ghettos. Aussi, de nombreux employés se sont convertis pour sauvegarder leur emploi, leurs patrons étant des musulmans ainsi que la majorité de leurs collègues. Ils affirment avoir subi des pressions au travail, les contraignant indirectement à corriger l'alignement de leur foi, au moins publiquement.

VISIBILITÉ ET RESPECT DES PRÉCEPTES DE L'ISLAM

Les musulmans insistent sur le respect de la religion et sur l'accomplissement de ses obligations. La prière doit être collective pour une meilleure fusion de l'individu dans le groupe et entraver son individualisme. La prière collective a une dimension verticale liant les terriens à leur Dieu, ainsi qu'une dimension horizontale liant les fidèles entre eux. La prière devient ainsi une opportunité pour dissoudre l'individu dans la *Oumma*. D'où l'indispensabilité de rendre visibles ces célébrations, comme une démonstration de force, un pouvoir d'attractivité et de persuasion. Les oraisons dans les rues deviennent alors de plus en plus nombreuses.

LA VALORISATION DES CÔTÉS POSITIFS

Pour attirer et séduire les non-musulmans, les islamistes vantent leur contribution à la civilisation, exposent ce qu'ils appellent leur culture islamique – qui relève de l'exotisme pour de nombreux Français – et font preuve d'une hospitalité et d'une grande générosité.

LA VICTIMISATION

Les islamistes se servent du passé colonial pour se donner une aura de victime et recueillir le soutien des non-musulmans et des tiers-mondistes à leurs causes. Parallèlement, ils occultent leur responsabilité dans les crimes commis dans les pays musulmans.

VALORISATION DU MIRACLE SCIENTIFIQUE DU CORAN

Pour séduire leurs interlocuteurs, les islamistes insistent sur ce qu'ils appellent « le miracle scientifique » du Coran. Pis encore, ils s'attribuent les travaux scientifiques et littéraires, pendant l'âge d'or de l'islam, alors qu'il a fermement réprimé les scientifiques et les poètes. Ils taisent l'origine non-musulmane des scientifiques de l'époque et dissimulent leur inspiration des les cultures indienne et grecque.

LE REFUS DE LA CRITIQUE

Autant les islamistes s'accommodent des critiques visant la chrétienté, le judaïsme et leur clergé, encouragés en ce sens par la liberté d'expression et la liberté religieuse, autant ils refusent toute critique contre l'islam, frappée par le sceau de l'islamophobie. Les prédicateurs émettent des *fatwas* contre les détracteurs, les intellectuels les affrontent médiatiquement, les poursuivent devant la justice, et le reste de la communauté se mobilise sur le terrain pour les faire taire (*Charlie Hebdo*, Théo Van Gogh, Salman Rushdi et tant d'autres exemples). Ces méthodes dissuadent quiconque de les critiquer. Il est à noter que les intellectuels de la gauche progressiste s'abstiennent d'affronter l'islamisme au nom de la paix sociale. *In fine*, ils ouvrent un boulevard pour la bonne progression de l'islamisation.

Pour clore ce chapitre consacré à la laïcité et à ses défis, il est important de noter que les musulmans considèrent les laïcs comme des athées ou des renégats, qu'il convient d'éliminer. Cette situation risque de nous amener à supprimer la laïcité du vocabulaire pour la remplacer par un inoffensif « vivre ensemble » ou le terme plus périlleux de « tolérance ». C'est l'un des multiples visages de la guerre des terminologies. Ce *statu quo* leur convient parfaitement, car il leur permet d'obtenir des concessions sans en céder. C'est l'islamisation déguisée.

J'espère que, vous, Français, saurez défendre les valeurs de la laïcité, quel que soit son futur nom, à travers l'adaptation et la réforme nécessaires de la loi de 1905 dans la Constitution et son application ferme et stricte dans le Code pénal et son application.

L'ISLAM ET LA RÉPUBLIQUE

De manière générale, les musulmans rencontrent d'importantes difficultés à s'intégrer dans les autres sociétés qu'ils qualifient d'environnements hostiles. S'ils vivent déjà sous tension permanente dans les pays islamiques, c'est pire dans les pays d'accueil ; leur rejet de l'évolution, le refus d'accompagner la modernisation de la vie et de contribuer à ses activités sociales et culturelles en sont la cause. Ils se barricadent derrière des clôtures dogmatiques imaginaires et refusent toute interactivité avec quelque milieu qui soit.

Ces difficultés sont essentiellement dues à la nature de l'islam tel qu'il fut imposé au VIIe siècle à la population de la péninsule arabique, rigide comme son désert et imbibée d'une culture bédouine particulière. Cette population avait déjà ses croyances et ses traditions. Des tribus païennes côtoyaient des agnostiques, des juifs et des chrétiens. L'islam a eu du mal à s'imposer au niveau de la culture et de la foi, avant qu'il ne se répande par la force militaire et politique, avec les conquêtes du calife Omar. De ce fait, les musulmans considèrent toute différence culturelle, idéologique ou philosophique avec d'autres populations comme une menace existentielle pour leur identité. Ils se renferment alors sur eux-mêmes dans un réflexe de protection paranoïaque et luttent contre cette adversité illusoire. C'est un élément indispensable à la compréhension de l'échec de l'intégration des immigrés musulmans dans les sociétés occidentales.

En effet, la peur de se fondre dans leur nouveau pays et de perdre leur identité pousse les musulmans à la ghettoïsation, une sorte de recherche de légitimité que seul l'islam peut leur procurer. Ce point explique en grande partie l'échec des tentatives successives de conformer l'islam aux valeurs occidentales et à la civilisation.

Depuis mon arrivée en France, j'ai découvert que les imams et les intellectuels qui ont plaidé pour un islam français qui se limiterait à la foi, qui soit instruit avec modernité et qui respecte les valeurs de la République, ont lamentablement échoué. Pour les plus motivés et les plus sincères, c'est encore pire : ils sont accusés par la communauté musulmane d'être des traîtres ou des agents de la France dont l'objectif serait de déformer la religion pour mieux la soumettre. Non seulement ces réformistes sont menacés de mort par les radicaux, mais leurs tentatives produisent souvent les effets inverses : la communauté s'arc-boute, se renferme sur elle-même et se radicalise.

Pour se protéger contre ces tentatives d'adaptation, les musulmans s'accrochent à l'islam de leur pays d'origine, voire à la version authentique – la plus rétrograde – en guise de confirmation identitaire. Ils défendent leur unicité inutilement, de manière « contre-productive » et autarcique, en scandant leur argument-massue : « *Rien ni personne n'a le droit de changer une seule lettre du Coran.* »

Ce comportement hostile contre la société française alimente la polémique sur l'identité nationale et devient le carburant des mouvements identitaires et de l'extrême droite. Ce thème occupe la classe politique depuis plusieurs années et fragilise encore davantage la cohésion nationale.

Pour une majorité de musulmans, et particulièrement pour l'islam politique, toute réforme sous-entend que la religion comporte des erreurs qu'il convient de corriger, ce qui est pris pour une mise en doute de leur croyance. Ce raisonnement permet aux tenants de l'islam politique de mobiliser la foule pour défendre la religion et s'imposer comme les uniques détenteurs de cette idéologie, valable en tout temps et tous lieux puisque « l'islam est indivisible et universel ». Ainsi, l'islam politique tend à remplacer progressivement la spiritualité par l'idéologie conquérante. Pour imposer cette mutation, les radicaux recourent à toutes sortes de violences, dont le djihad, en singeant celui des premiers siècles de l'islam alors considéré comme une forme de « légitime défense ». Or, cette supercherie comporte une forte hypocrisie : où est la légitime défense dans l'invasion de l'Espagne ? De quelle légitimité peut-on parler pour justifier les conquêtes des pays voisins de la péninsule arabique dont les peuples étaient historiquement des Syriaques, des Chaldéens ou des Coptes ? Au-delà de leurs ethnies différentes, ces peuples avaient leurs propres croyances. L'islam les a envahis, soumis et convertis au nom de cette fallacieuse notion de légitime défense.

Les réformistes français proposent de dissocier l'islam de celui pratiqué dans les pays d'origine, condition *sine qua non* pour réussir son intégration. Mais estimant que cette réforme n'est pas incompatible avec les textes fondateurs (Coran, Tradition), ils commettent une grave erreur en proposant une simple adaptation à la vie française sans toucher aux fondements. Autrement dit, ils privilégient une simple réconciliation qui semble impossible. Car comment laïciser l'islam, le conformer et le soumettre aux règles de la République sans débarrasser les textes des versets qui prônent la suprématie de la loi divine par rapport aux lois terrestres ? Comment parviendront-ils à amener le musulman à revendiquer son appartenance à la République alors que son marqueur identitaire est l'islam ?

Les réformistes se heurtent également à une autre problématique liée à la différence entre le Coran et la *charia*. Les *oulémas* reconnaissent que la *charia* a été écrite au IXe siècle, soit deux siècles après la Révélation du Coran, et elle se voulait une interprétation et une application du texte sacré. La différence entre les deux ressemble à celle entre la Constitution et les lois. Quand les lois sont incompatibles avec la Constitution, elles sont rejetées par le Conseil constitutionnel. Ainsi, ceux qui prétendent pouvoir modifier la *charia* pour la conformer aux lois humaines, sans toucher le Coran d'origine divine, sont répréhensibles. Autrement dit, le Coran représente l'idéologie et la *charia* est la loi qui s'en inspire ; il ne peut y avoir la moindre incompatibilité entre les deux. A titre d'exemple, la *charia* que les réformistes proposent de modifier ne peut en aucun cas tolérer la mécréance de la laïcité alors que le Coran la condamne.

A l'inverse, le Coran n'impose explicitement aucune contrainte aux femmes, comme le port du voile, du foulard ou du niqab, contrairement à la *charia*. Mais le Coran parle du corps, du « sexe légal » et du châtiment corporel préconisé à ceux qui enfreignent cette légalité. Ce genre de nœud gordien rend impossible la suppression des lois relatives à la lapidation des fornicateurs et à l'amputation des voleurs que présente la *charia*. Toute réforme qui passe uniquement par cette dernière et non par le Coran devient donc caduque et inopérante.

D'autres réformistes proposent une organisation du clergé musulman en France et l'élection d'un grand *mufti**, l'équivalent de l'archevêque catholique ou du grand rabbin dans le judaïsme. Mais le problème de l'islam en France n'est pas d'ordre organisationnel : c'est un problème plus fondamental lié au dogme. L'élection du chef de ce clergé pose un problème insoluble au sein d'une communauté divisée, qui se querelle en fonction des relations entre les pays d'origine et qui est traversée par des courants plus ou moins radicaux. Au final, l'élection du grand *mufti*, si elle devait avoir lieu, bénéficierait aux plus extrémistes au détriment des modérés, des éclairés et des véritables réformistes. Il en ressort qu'au-delà des contraintes organisationnelles, toute tentative de moderniser et de mettre de l'ordre dans l'islam de France rencontrerait des difficultés théologiques et dogmatiques insurmontables. De plus, ses auteurs sont systématiquement incriminés et menacés par les religieux, ce qui n'encourage guère à s'y investir.

Certains éclairés préconisent de lutter contre le radicalisme islamiste en recourant aux écoles soufies qui se fondent sur la spiritualité et qui prônent la non-violence. Mais en réalité, les adeptes de soufisme pratiquent les violences sur eux-mêmes, tant psychiques à travers la méditation, que physiques à travers les privations, la pauvreté et la chasteté. De plus, le soufisme ne dénonce pas pour autant la violence commise par les radicaux, légitimée par le texte coranique.

Il est donc erroné de parler du soufisme comme d'un modèle de paix et de modernité. Ses adeptes se coupent du monde pour méditer et préparer la mort en appliquant les enseignements du Coran et de la *charia* et ne peuvent constituer une alternative moderne. Cette approche est d'autant plus inopérante que les radicaux sont aujourd'hui en pleine croissance, alors que le soufisme est en voie d'extinction ; il ne peut donc pas rivaliser et encore moins neutraliser la violence véhiculée par les premiers. Ajoutons qu'il existe des soufis au sein même de Daech, notamment ceux de la Naqshbandiya, et il est évident que cette philosophie ne peut pas être ne serait-ce que l'esquisse d'une solution dans la lutte contre l'intégrisme et le fanatisme inhérent à l'islam.

Qu'il s'agisse des mouvements soufis ou de ceux relevant de l'islam politique, les deux versions se nourrissent de la même source et œuvrent pour le même objectif : la victoire communautariste dans sa globalité. Le pouvoir spirituel et temporel sont inséparables et doivent appartenir à Dieu à travers son vicaire : tuteur et commandeur des croyants. Ceux qui datent l'islam politique à la fin du XIXe et qui affirment qu'il a atteint sa croissance dans les années 1930 par nostalgie du Califat se trompent lourdement. L'islam politique remonte à l'époque du prophète qui l'avait utilisé pour asseoir son pouvoir et fonder son empire en imposant le Coran comme constitution et l'islam comme idéologie. Le même schéma a marqué tous les Etats endoctrinés depuis les différents empires jusqu'à nos jours, en passant par le Califat ottoman.

De ce fait, l'essence, l'idéologie et l'objectif de l'islam politique demeurent inchangés depuis quatorze siècles et les mouvements en relevant ne veulent et ne peuvent se défaire de ces fondements. La branche politique sunnite rêve de rétablir le Califat, alors que son équivalent chiite œuvre pour instaurer le concept de Wilayat e-Faguih, preuve qu'aucune cohabitation de l'islam avec la démocratie et la laïcité n'est possible, quoi qu'en disent les islamologues et les réformistes. De par sa nature, l'islam ne peut tolérer les libertés individuelles, l'égalité entre les sexes et encore moins le rôle de la femme dans la société, ce qui explique l'hostilité affichée et revendiquée par les islamistes à l'égard des mouvements progressistes, bien que certains puissent s'en accommoder provisoirement.

LA FRANCE ISLAMISÉE

L'islam politique est divisé. Le camp d'obédience chiite trouve ses références en Iran, alors que l'autre camp sunnite est éparpillé entre l'Arabie saoudite et la Turquie depuis que l'Institut Al-Azhar en Egypte a perdu son influence à cause de sa dépendance aux financements saoudiens. Les wahhabites saoudiens et les Frères musulmans, cooptés par la Turquie de l'AKP, se sont ainsi partagé l'influence sur la sphère sunnite. La concurrence entre les sunnites et les chiites a été dopée par la victoire de la Révolution chiite iranienne et l'échec des mouvements nationalistes arabes, conjugué avec la répression des régimes totalitaires. Ces phénomènes ont fait le lit des mouvements radicaux, devenus les fédérateurs des contestataires et des laissés-pour-compte.

La lutte contre des régimes tyranniques, qui ont longtemps usé de la violence étatique, a favorisé le recours à la force et contribué à l'expansion de la violence islamiste légitimée par le Coran. D'autant qu'en s'octroyant des noms islamiques, ces mouvements se sont procuré une immunité implacable face à leurs détracteurs : en les critiquant, leurs adversaires critiquent des « symboles » de Dieu et la religion qu'ils prétendent représenter. Que ces mouvements aient politisé l'islam ou islamisé la politique, le résultat est le même. Ils se sont imposés comme les représentants uniques et les défenseurs du dogme. Ils se sont accordé tous les droits sur une société et la démocratie qu'ils rejettent, même s'il leur arrive d'exploiter cette dernière pour parvenir au pouvoir ou d'en donner une lecture spécifique afin de s'en faire une vitrine, comme en atteste le système de la *mollahrchie* iranienne. Quels que soient les résultats des élections, le pouvoir revient au Guide suprême autoproclamé « vicaire de Dieu sur terre ».

Les régimes islamiques exercent leur totalitarisme au nom de la religion, persécutent et exécutent les opposants qui osent critiquer Allah.

Il est étonnant que les intellectuels français insistent, dans leurs différentes approches de l'islam, sur les facteurs sociaux et politiques, ignorant le volet culturel, qui peut être déterminant dans l'évolution de la communauté et son intégration.

Les musulmans en France sont ainsi divisés en plusieurs catégories :

L'islam politique : ce courant hétérogène regroupe les adeptes de la confrérie des Frères musulmans, ainsi que les groupes d'obédience salafiste, laquelle comprend à la fois les quiétistes et les djihadistes. Cet ensemble milite pour une meilleure visibilité de la communauté en guise d'affirmation identitaire (voile, niqab, barbe...). Revendicatifs, ils exigent des mosquées une réforme de l'enseignement conforme à l'islam : suppression de certaines notions des manuels scolaires, aménagement des horaires de piscine et autres milieux publics, la non-mixité, l'interdiction de l'éducation sportive pour les filles, etc. Il représente une majorité des musulmans en France.

L'islam soufi : un courant pacifique qui s'attache à la méditation. Bien qu'ouvert aux autres cultures, le soufisme ne renonce pas à ses références coraniques et à l'histoire islamique. Ce courant est minoritaire voire microscopique.

L'islam populaire : il regroupe les courants plus ou moins modérés et ouverts sur l'autre tant que cette ouverture ne se heurte pas aux préceptes de l'islam, notamment en ce qui concerne les libertés, la foi et l'état civil. Il fut majoritaire en France, essentiellement composé de la première génération d'immigrés, mais il tend à régresser en raison de la redirection des descendants vers l'islam politique.

L'islam libéral : il regroupe les élites réformistes qui tentent de laïciser l'islam. C'est un courant minoritaire quasiment imperméable aux couches populaires. Malgré son militantisme face à l'extrémisme, il a perdu toutes ses confrontations idéologiques et médiatiques.

La classe politique française regarde l'islam à travers le prisme occidental. Elle omet de prendre en considération les caractéristiques et les facteurs fondamentaux qui déterminent de sa nature religieuse en se contentant d'attribuer la violence à la marginalisation de la communauté. C'est une grave erreur qui renforce l'inaction et la permissivité. Cette tendance à minimiser l'ampleur de la radicalisation sur l'ensemble de la communauté musulmane est une forme de cécité qui facilite le travail des radicaux, leaders et bergers du troupeau qui grossit dangereusement.

LE FOND ET LA FORME

Comme on l'a déjà vu, le musulman reste attaché à son pays d'origine et à son identité islamique en refusant de s'intégrer dans une société laïque d'origine et de culture judéo-chrétienne. Son incompatibilité flagrante avec les préceptes de l'islam provoque une forme de schizophrénie sociale qui touche et caractérise la majeure partie des musulmans.

Certaines tendances de l'islam politique, au contraire, s'accommodent opportunément de cette laïcité pour l'exploiter. En son nom, ils revendiquent la reconnaissance de leurs mœurs. Les Français musulmans sont ainsi à l'épreuve de tendances contradictoires. Au sein de la mouvance salafiste, les gardiens d'un rigorisme religieux soumis au pouvoir temporel s'opposent aux révolutionnaires partisans de l'Etat islamique. Du côté des nouvelles générations de Français musulmans, une puissante tendance communautariste est portée par des activistes souvent proches des idées des Frères musulmans : ils rêvent de transformer la communauté de France en organisation puissante, organisée et cohérente.

Le salafisme est une branche religieuse importée pardessus les pratiques traditionnelles des premiers immigrés et refrancisée par leurs descendants qui ont étudié dans les pays arabes. Après leurs séjours en Jordanie, en Syrie, en Egypte ou surtout à La Mecque et à Médine, ces derniers reviennent en France armés de leur pureté doctrinale. Ils prennent progressivement le contrôle de certains lieux de culte et contrôlent près de soixante mosquées sur les deux-mille-cinq-cents que compte l'Hexagone. Le salafisme quiétiste est guidé à la fois par l'esprit de soumission au pouvoir temporel et par les autorités religieuses officielles, comme c'est le cas en Arabie saoudite. Ce courant s'est prononcé contre les groupes djihadistes et, bien qu'il condamne le terrorisme et la violence, la menace qu'il représente est différente et serait même plus inquiétante à long terme. Car, il ne faut pas confondre le principe de quiétisme avec l'inaction totale. Bien qu'ils se défendent de vouloir islamiser la France, leurs actions sont visibles dans certaines banlieues où prolifèrent le niqab, la burqa, le kamis et la barbe ; ils y font régner leurs propres lois.

Si les salafistes portent un projet de rupture progressive mais complète avec la société française, les activistes communautaristes recherchent au contraire la reconnaissance et l'approbation nationale. Certains d'entre eux cherchent à calquer ouvertement le modèle juif pour les Français musulmans. Comme nous l'avons déjà vu, une grande part de leur stratégie est fondée sur cette volonté d'imitation et de concurrence avec ces derniers, le tout renforcé par le concept d'islamophobie qu'ils cherchent à imposer comme équivalent symbolique à l'antisémitisme. S'ils le pouvaient, les musulmans arboreraient fièrement sur la poitrine un croissant rouge similaire à l'étoile jaune que les juifs étaient contraints de porter sous le IIIe Reich.

Les activistes communautaires cherchent à préparer les esprits pour doter la communauté d'un véritable poids électoral. L'accent est mis sur l'importance de s'inscrire sur les listes afin de faire valoir leur poids et exercer des pressions sur les élus pour leur arracher des concessions (construction de nouvelles mosquées, cantines scolaires, etc.). Au contraire de la majeure partie des salafistes, partisans d'une régression sociale pour un retour aux origines de l'islam, pour qui voter signifie faire allégeance à la démocratie, les activistes liés aux Frères musulmans ne rejettent pas le vote. Leur volonté de prise de pouvoir est plus stratégique : elle passe par l'encouragement de la participation électorale afin de pouvoir bénéficier du réservoir du vote musulman, dans le but clairement assumé de préparer leurs futures revendications à grande échelle et une prise de pouvoir aussi progressive que légale. Ce comportement confirme une reconnaissance opportune des lois de la République : une acceptation technique de la laïcité sans y adhérer réellement et une participation au jeu démocratique pour mieux le biaiser.

La branche française de la confrérie des Frères musulmans, qui constitue le socle idéologique de la mouvance communautariste, est désormais une institution majeure dans le paysage musulman français à travers l'UOIF. Cette tendance est partagée entre les conservateurs qui se veulent intransigeants vis-à-vis des demandes communautaristes du mouvement et une aile conciliante qui est prête au compromis avec les pouvoirs publics dans le but de s'institutionnaliser. D'ores et déjà, elle investit dans l'éducation islamique avec l'ouverture du lycée musulman Averroès à Lille. L'UOIF compte également quatre établissements de plus (lycées et collèges confessionnels) dans lesquels le port du voile est autorisé, contrairement à la législation de l'enseignement public. L'UOIF contrôle la FNEM (Fédération nationale de l'enseignement privé musulman), fondée en 2014 par une dizaine d'établissements confessionnels et qui se veut le représentant musulman auprès des pouvoirs publics. Elle se propose également de former leurs personnels, ce qui est un moyen pour les Frères musulmans d'encadrer les établissements qui ne sont pas directement sous leur contrôle. De l'aveu de ses dirigeants, l'UOIF s'appuie sur son grand projet éducatif pour poursuivre son implantation en France et conforter sa dimension islamiste. La gestion du lycée Averroès en atteste. Ses responsables le présentent comme un « laboratoire de la citoyenneté musulmane, intégrée mais gardant sa spécificité ethno-religieuse ». Mais cette citoyenneté revendiquée cache mal l'idéologisation des élèves : elle est inculquée à travers les voyages scolaires et les conférences qui relèvent du matraquage idéologique, le tout fondé sur les discours de la confrérie des Frères musulmans. L'UOIF utilise également ce « lycée-pilote » pour former de jeunes cadres qui seront dévoués à leur cause une fois en place.

Les Frères musulmans se sont ainsi institutionnalisés et acclimatés en France à travers l'UOIF. Mais leur idéologie, issue de la révolte d'Hassan al-Banna contre la décadence de l'islam, a pour ultime objectif le rétablissement du Califat et l'unicité perdue de la *Oumma*, indépendamment de leur nationalité et de leur ethnie. Ils préconisent une islamisation par le bas, avec la charité et l'éducation, dont le but final est la prise du pouvoir. C'est dans cette optique que les mouvements relevant de l'islam politique ont développé leurs activités humanitaires, tournées vers l'extérieur et placées au service de ses propres causes. Depuis les années 1990, l'adhésion des musulmans à ces activités se fait sur des critères religieux, phénomène observable mondialement, notamment en Palestine, en Syrie, en Bosnie, en Malaisie et dans les nombreux autres pays convertis.

La réislamisation des Français musulmans a permis l'émergence d'une solidarité religieuse quasi-universelle envers les causes islamiques de par le monde. L'exemple de la mobilisation pendant l'opération israélienne contre la bande de Gaza, en 2009, en atteste. Pour la première fois, l'UOIF a rejoint les manifestations de rue et s'est exprimée contre la politique israélienne, qualifiée de « crime contre l'humanité » et de « génocide ». Les drapeaux du Hamas – le mouvement islamiste palestinien – ont fait leur apparition dans les manifestations, reflétant l'incontestable progression d'une vision dirigée de l'action humanitaire. En 2014, pendant les manifestations parisiennes contre l'opération israélienne « Bordure Protectrice » à Gaza, des drapeaux du mouvement radical *Tawhid* (unicité), utilisés par les groupes djihadistes, sont apparus dans la foule, notamment pendant les prières publiques. Cette progression idéologique de l'islamisme radical a supplanté les militants pro-palestiniens proches de la gauche et sans agenda religieux.

L'évolution du rapport des musulmans de France à la cause palestinienne est symbolique de l'inscription de plus en plus forte dans le cadre de la *Oumma*, épousant toutes ses causes sous l'angle islamique et tendant même à soutenir des mouvements terroristes sous la couverture humanitaire.

La différence entre les différents courants de l'islam politique réside dans les détails et non pas dans la finalité de leur combat. Malgré leur origine commune, ces courants s'opposent et empruntent des chemins parallèles pour recruter de nouveaux adeptes en France. Or, dans leur approche du sujet, rares sont les intellectuels qui prennent en considération ces phénomènes pour y remédier. Dans leur majorité, les Français continuent de justifier le comportement des musulmans, quelle que soit sa violence, l'attribuant naïvement à la pauvreté, à la marginalisation, au poids de l'histoire ou encore à la politique d'immigration. Ils refusent de scruter la question avec une approche plus logique, prenant en compte les dimensions anthropologiques, politiques et religieuses. Plus dangereux sont encore les tenants de « l'union nationale », résultant de l'intégration aussi inexistante qu'utopique. Craignant d'être taxée d'islamophobe, la gauche progressiste et laïque occulte le cœur du problème et insiste sur une volonté de vivre ensemble impossible à atteindre au lieu de chercher la vérité et de traiter le problème à sa véritable source.

DJIHAD ET TERRORISME

Le djihad et le terrorisme portent le même sens en dépit des efforts déployés par les musulmans pour les dissocier et les différencier. Le terrorisme n'est pas un phénomène nouveau en islam, puisqu'il a constitué le principal outil d'expansion de l'Etat islamique depuis Mahomet. Les conquêtes islamiques étaient en effet une forme de terrorisme, bien que conformes aux pratiques de l'époque. L'extrémisme fondamentaliste musulman ouvre la voie et justifie le djihad comme le terrorisme.

Ce phénomène explique la profusion du terrorisme en Orient et sa capacité à recruter en Occident au sein d'une communauté façonnée par des prêcheurs protégés derrière la bannière politiquement acceptable de la modération. La rupture avec les sociétés occidentales, la ghettoïsation et la revendication identitaire facilitent ces recrutements.

Il ne fait pas de doute que le terrorisme, fruit héréditaire de l'enseignement coranique, trouve ses racines en Orient. Il est le fils de la politique de cohésion créé par le prophète Mahomet et ses disciples, regroupant tous les groupuscules préislamiques sous la même idéologie : l'islam. Ce rassemblement fermement destiné à canaliser la violence dans une même direction, lui donnant un poids et une puissance propices aux razzias, à la guerre et aux conquêtes. Si aujourd'hui la violence a changé de forme, c'est pour s'adapter à son époque et pour cibler plus efficacement un ennemi uni. Mais ce n'est que la forme qui a changé, son amplitude est de nos jours accentuée par les conditions socioéconomiques et culturelles et dopée par l'oppression étatique exercée au nom de l'islam.

L'Arabie saoudite et l'Iran, qui pratiquent un terrorisme officiel à travers les décapitations et les amputations publiques en sont les exemples parfaits. La pratique de ce terrorisme légal sur leur sol légitime indirectement celui pratiqué par les organisations islamiques par un mimétisme rendu quasi officiel. Assez ironiquement, l'Arabie saoudite et l'Iran condamnent le terrorisme tout en alimentant son idéologie. Ainsi, Al-Qaïda, Daech et les autres mouvements terroristes sunnites, tout comme le Hezbollah et les milices chiites actives en Syrie et en Irak, s'inspirent librement de ces exemples.

L'émergence de l'Etat islamique sur le sol de l'ancienne Mésopotamie, menée par Al-Qaïda, et surtout sa création en Irak et en Syrie sous l'égide de Daech ont incarné le rêve de la restauration du Califat, objectif suprême des musulmans. En se dotant d'un territoire bien défini, et en appliquant une *charia* primitive et en développant la théorie chère à Abdallah Azzam, le père spirituel d'Oussama Ben Laden, basée sur le djihad planétaire, Daech a su attirer les musulmans occidentaux. Selon Azzam, le djihad doit s'appuyer sur un territoire islamique pour mieux conquérir le reste des pays musulmans et instaurer le Califat allant de l'Indonésie à l'Espagne. Cette théorie s'appuie sur les idéologies salafiste et djihadiste qui autorisent aux soldats d'Allah de tuer d'autres musulmans si ces derniers servent de boucliers à leurs ennemis. C'est ainsi que Daech n'hésite pas à commettre des attentats suicides, justifiant la mort de musulmans par les impératifs de la guerre contre les mécréants.

Daech s'inspire de quatre principales « théories de la terreur » dont l'objectif est d'épouvanter les adversaires et d'embrigader ses recrues en Occident. Sa stratégie cherche à épuiser l'ennemi par le harcèlement continu et l'usure en exploitant particulièrement les partisans du djihad vivant dans les pays occidentaux dits du « *Koufr* » (de l'impiété), poussant ses pions déjà en place sur les territoires ennemis. Dans cet objectif, ces théories s'adossent sur une stratégie multiple et complexe, mêlant trois formes de djihad – politique global, économique collectif et individuel – les deux derniers étant respectivement la source d'alimentation des cellules dormantes et le terreau des « loups solitaires », tels qu'ils sont qualifiés par les médias pour marginaliser ces individus et atténuer la dangerosité de ce type de fonctionnement. Ils ont ainsi ouvert la voie à la globalisation de la terreur. C'est Abou Messab al-Souri, de son vrai nom Abdelkader Sit Mariam, qui s'impose comme le pionnier en la matière. Ses ouvrages constituent une véritable encyclopédie du djihad, tant et si bien qu'ils en ont fait le « général-philosophe ». Il est également l'initiateur de la « résistance islamique mondiale » à travers son livre au titre éponyme à la cause qu'il soutient : *Résistance islamique mondiale*, un pavé haineux de 1604 pages publié en 2004. C'est lui qui est le fondateur de la troisième génération des djihadistes, en suggérant l'embrigadement de la nouvelle immigration musulmane en Europe.

Quant au théoricien du djihad individuel, Abou Bakr Naji al-Misri, de son vrai nom Mohamed Khalil al-Hakayma, mort en août 2008 dans un raid américain en Afghanistan, il a publié *La Gestion de la sauvagerie* pour prôner la stratégie des « loups solitaires ». Dans son livre, il soutenait que « *ces actions et leurs auteurs sont autant insaisissables que bénéfiques médiatiquement. La multiplication des actions solitaires épuise l'ennemi* ».

Ainsi, il devient aisé de comprendre le processus qui permet à des milliers de jeunes musulmans occidentaux de rejoindre Daech, soit physiquement en se rendant sur le théâtre de ses opérations en Irak et en Syrie, soit idéologiquement en commettant des attentats en son nom en Occident, comme ce fut le cas à Paris, à Nice et à Bruxelles. Pourtant, les spécialistes européens refusent de regarder les choses en face ; ils estiment que les djihadistes européens sont issus des milieux pauvres et n'ont rien à perdre.

Cependant, la réalité est bien plus inquiétante.

Une proportion non-négligeable de ceux qui ont rejoint Daech sont éduqués et affichaient une intégration réussie. Parmi les explications de ce phénomène, il convient de préciser que Daech, à travers les imams, a insisté sur le devoir de secourir les opprimés mais aussi sur l'opportunité offerte aux musulmans occidentaux de se repentir grâce à un réengagement avec le Califat pour les remettre dans le droit chemin de l'islam authentique après des années de mécréance. Il faut y ajouter la promesse d'accéder rapidement au paradis et d'y retrouver les 72 vierges et les salaires attrayants promis par l'organisation terroriste, un message s'adressant respectivement à la population sexuellement et socialement frustrée, voire les deux. Ainsi, Daech séduit ses recrues avec une offre adaptée à ses cibles privilégiées, ce qui explique le nombre inquiétant des européens qui combattent en son sein et le nombre d'attentats et de tentatives commis en Europe, et plus spécifiquement en France. En définitive, le problème des musulmans adeptes du terrorisme réside davantage dans leur idéologie que dans leurs conditions socioéconomiques car cette idéologie est enseignée à la mosquée, à l'école mais aussi diffusée dans la rue.

Le musulman français qui s'est transformé en terroriste doit sa mutation à son imam ou aux prêches diffusés par Internet, ainsi qu'à l'aveuglement des autorités qui ont laissé faire, par ignorance, par naïveté ou par opportunisme. En refusant d'affronter l'islamisation, de peur d'être taxée d'islamophobe, en tolérant les violations de la laïcité et de ses lois, la société française est complice de l'essor du terrorisme en France. La classe politique, à la recherche du vote islamique, est également complice.

Les élites françaises semblent en effet ignorer que la cohabitation et le vivre ensemble sont incompatibles avec l'islam. La *charia* est considérée supérieure à toutes les autres lois et par conséquent elle ne peut s'y soumettre. L'intégration économique des musulmans est également problématique, puisque l'islam est un code globalisant, comportant des aspects politiques mais aussi économiques et culturels qui ne peuvent se dissoudre dans la société laïque, donc mécréante. Le processus de séparation entre l'Eglise et l'Etat ne peut s'appliquer à l'islam, qui n'a pas encore connu son siècle des Lumières, ni sa Révolution semblable à celle de 1879. La laïcité est le fruit de décennies de réflexions et d'autocritiques qui sont interdites en Islam.

Peut-on imaginer pouvoir imposer au citoyen musulman le respect de la laïcité tout en tolérant les mosquées qui lui servent un discours contraire ? Comment l'individu peut-il réclamer l'égalité tout en prônant la supériorité de l'homme sur la femme ? Comment peut-il revendiquer le droit à la différence pour lui et condamner simultanément ceux qui ont quitté les rangs ? Comment se permet-il de critiquer le passé colonial de la France tout en regrettant la perte de l'Andalousie et en rêvant de la reconquérir ?

Tant que l'islam interdira sa critique et punira son autocritique en interne, il ne pourra pas se réformer et encore moins se moderniser.

Le terrorisme islamiste globalisant touche désormais le monde entier : il est temps d'avoir une approche philosophique globalisante qui surpasse le choc des civilisations, la confrontation culturelle et les divergences idéologiques, mais surtout traiter la menace existentielle. La crise touche l'humanité dans son ensemble. La France, après les attentats terroristes qui l'ont visée, se retrouve face à des défis majeurs qui ne concernent aucune autre religion mais essentiellement l'identité nationale.

Si la lutte contre le terrorisme exige le démantèlement de l'idéologie qui le véhicule et l'alimente, il convient aussi de sanctuariser la laïcité, de revoir le principe de citoyenneté et renforcer le concept de l'Etat civil.

VERS UN ISLAM ÉCLAIRÉ ET MODÉRÉ

Quand je suis arrivé en France, ma vision des choses a changé, principalement grâce à mes recherches, à l'approfondissement de ma réflexion et à mes fréquentations. Ce changement radical m'a permis d'élargir les horizons de ma pensée et de ma perception. Je me suis alors aperçu que les textes religieux des trois grandes religions — judaïsme, chrétienté et islam – plongent leurs racines dans le Pentateuque, et partagent un goût prononcé pour la violence. Et quels que soient les différentes branches et mouvances internes, les bases demeurent les mêmes. Ce qui a changé c'est le comportement des hommes et des femmes dans l'interprétation de ces textes.

Fondamentalement, les livres sacrés du christianisme et du judaïsme ne sont pas beaucoup plus pacifiques que les textes islamiques. Tout comme l'islam, le christianisme ne prône pas réellement la démocratie ; la seule lecture du Lévitique, troisième livre de la Bible, en donne une démonstration parfaite. Malgré tout, même dans ce texte très dur qui compose le Pentateuque, ou Torah, point commun entre le judaïsme et l'Ancien Testament chrétien, il ne s'agit que d'une liste de châtiments destinés à punir les fautes des fidèles ; il n'est jamais question de s'en prendre aux autres confessions.

Sur ce point, une question s'impose : si les textes fondateurs des sociétés chrétiennes et musulmanes se retrouvent partiellement dans leur brutalité, comment expliquer la différence entre les deux communautés ?

La distinction réside dans la population, dans sa pensée, son histoire et sa propension à accepter la laïcité et la démocratie. Ces deux valeurs n'ont jamais suscité le moindre intérêt chez les musulmans et n'ont jamais fait partie de leurs revendications. Les sociétés chrétiennes, notamment par les Lumières de la Renaissance et les bouleversements de la Révolution, ont su relativiser leur croyance et les adapter à leur époque. Ils ont milité pour les libertés individuelles et collectives, mus par leur esprit critique, leur modernisme et leurs écrits philosophiques. Ils ont dressé les fondements de la civilisation moderne.

Dans les sociétés musulmanes, les seuls qui encouragent le respect des libertés et des droits individuels, prônent l'instauration de la laïcité et de la démocratie dans les sociétés musulmanes, sont ceux qui ont quitté le dogme.

Alors, aider l'islam à se moderniser, à se réformer et à se conformer aux valeurs humaines, soutenir les ex-musulmans dans leurs efforts devrait être une priorité. Malheureusement, abandonnés à leur sort, ils sont des cibles pour leurs anciens « frères ». Quand nous, les ex-musulmans, militons pour le respect des droits de l'homme dans les sociétés islamisées, c'est justement pour les sauver des guerres qui les martyrisent au nom de la foi et du communautarisme qui y est inextricablement lié. Parce que nous savons que des exactions inhumaines s'y déroulent, incitées par les défenseurs autoproclamés de cette religion ou par ses représentants légaux.

Nous militons pour arrêter la destruction méthodique des pays colonisés et y faire cesser l'oppression. Nos actions visent à les aider, pour qu'ils puissent s'adapter à notre époque et s'intégrer au monde libre et développé. Car la modernité, le développement et la liberté sont intrinsèquement liés.

Quand j'écris « abandonner », je pense également à la gauche française progressiste dont on pourrait penser que les idées tendent à converger avec les nôtres. Cependant, et chaque jour nous le prouve un peu plus, elle semble avoir choisi de soutenir la communauté islamique, pour mieux s'en servir, par un jeu dangereux d'opportunisme électoraliste. Au lieu d'être notre allié naturel, elle nous considère, nous les opprimés, comme des ennemis politiques et favorise de fait le maintien des musulmans dans l'obscurantisme.

Cruel phénomène dont j'ai beaucoup souffert.

De nombreux militants de la gauche française ont mis en doute mon expérience vécue en Cisjordanie, refusant de croire que j'ai été emprisonné, torturé et condamné pour avoir rejeté l'idéologie de l'islam. Pour eux, tout ce que j'ai raconté dans mon premier livre relève de l'affabulation, une histoire créée de toutes pièces afin de nuire à l'islam. Les articles de presse relatant et attestant mon expérience, ainsi que les photos de mon procès n'ont pas été jugés crédibles, voire qualifiés de mensonges médiatiques.

Pour se différencier de l'extrême droite, la gauche progressiste verse dans le déni et met systématiquement en doute tout ce qui concerne l'islam et les musulmans, considérant à tort qu'une alliance politique avec ces derniers est possible. Refusant d'admettre les conclusions de l'expérience iranienne, ils trahissent le progrès et siphonnent la gauche de son humanisme.

De fait, l'incompréhension et le rejet des socialistes, additionnés aux tentatives d'exploitation de mes propos critiques envers l'islam par l'extrême droite, me pousse à m'exprimer plus longuement en arabe. D'autant qu'en m'exprimant dans ma langue maternelle, j'ôte aux musulmans le loisir de pouvoir m'accuser de raciste et de qualifier mes propos de mensongers. Et en utilisant le vocabulaire qui figure dans leurs textes, mes critiques deviennent d'autant plus légitimes. C'est par ailleurs pour ces mêmes raisons que les prêcheurs islamistes en France s'adressent à leurs disciples en arabe, la langue du Coran : afin de transmettre son esprit avec une plus grande fidélité.

A travers mes interventions médiatiques et mes contributions au débat, j'ai toujours invité les musulmans en France à œuvrer pour un islam modernisé et éclairé, conforme aux valeurs de la République. Nul besoin pour cela de modifier les textes, il suffirait de ne pas les prendre au mot, de prendre conscience que, contrairement au Coran, le monde a évolué. Je les invite régulièrement à presser leurs institutions religieuses à se conformer aux lois et à faire preuve de bonne foi ; à mon sens, ces institutions sont à l'origine du mal qui gangrène la France, l'Europe, et plus généralement l'ensemble de l'Occident civilisé. Elles sont responsables du discours et de l'enseignement indiscutablement rétrogrades. Elles refusent toute réforme et elles travestissent l'islam en un projet politique méphistophélique. Pour défendre l'islam, les musulmans se plaignent souvent de leurs institutions défaillantes allant à l'encontre d'une représentation orthodoxe de leur foi. Mais si, selon cette approche, les sunnites, les chiites, les wahhabites, les salafistes et les mouvements terroristes ne représentent pas l'islam, serait-il représenté par ceux qui prônent le châtiment corporel des femmes ou celui qui exécute les renégats ?

Les philosophes, les sociologues et les hommes politiques français qui prônent la tolérance religieuse et qui appellent à différencier l'islam modéré de l'islamisme djihadiste font preuve d'ignorance ou d'aveuglement. Ce n'est que par une fermeté inflexible et une réforme de la loi sur la laïcité qu'il sera possible de stopper l'avancée invasive du communautarisme islamiste.

L'histoire nous enseigne que les guerres religieuses ou confessionnelles ont nourri le radicalisme empreint de sauvagerie, de cruauté et d'une volonté d'éradication de l'autre. Aujourd'hui, le monde musulman vit une guerre religieuse entre sunnites et chiites où il n'y a pas de place à la tolérance. La taire revient à occulter la réalité. C'est une guerre ancestrale, aussi vieille que l'islam, qui se prolonge dans de nombreux pays. Il est donc complètement faux de la qualifier de querelle réformiste similaire à celle qui a opposé les catholiques et les protestants en France. Dans la guerre actuelle, les belligérants versent leurs haines mutuelles accumulées depuis la scission, la naissance du chiisme, et le martyre d'Hassan et Hussein. La guerre est alimentée par une volonté inébranlable de vengeance entre deux groupes qui prétendent détenir la vérité absolue et représenter l'islam véritable. Si les musulmans ne se tolèrent pas entre eux, comment peuvent-ils prétendre tolérer les autres religions et les autres peuples ?

A cela s'ajoute, la mission d'islamisation du monde que les musulmans se sont donnée et comme le leur ordonne le Coran. Même quand ils parlent de tolérance, ils considèrent que c'est Dieu qui le leur a ordonné. Si les arguments se heurtent au texte, c'est finalement le texte qui l'emporte, et ce dernier ordonne aux musulmans de tuer les ennemis de la religion à défaut de les convertir.

Au lendemain des attaques du 13 novembre 2015, une jeune musulmane a déclaré à la télévision, au nom de sa communauté : « *Nous condamnons ces agressions, car l'islam est miséricorde, amour et paix.* »

Pourtant les terroristes ont fait le contraire… Et pour eux, ils ont exécuté les ordres de Dieu contre les mécréants : « *Ne prenez donc pas d'alliés parmi eux, jusqu'à ce qu'ils émigrent dans le sentier d'Allah. Mais s'ils tournent le dos, saisissez-les alors, et tuez-les où que vous les trouviez, et ne prenez parmi eux ni allié ni secoureur* » (sourate An-Nisa, verset 89).

Un problème d'interprétation, sans doute.

Sauf que c'est cette même interprétation, ainsi que la croyance aveugle qui en découle, qui poussent un imam parisien à prêcher, lors de la prière du vendredi, contre la consommation de la viande de porc : « *Tous ceux qui mangent du porc deviennent sales comme le porc.* » Par sa phrase, il a insulté la majorité des Français. Pour sa défense, l'imam n'a fait que respecter et appliquer son texte sacré. Sans aucun discernement, certes.

Le Coran est recevable partout comme en tout temps.

Un autre imam de province a défrayé la chronique en interdisant aux musulmans d'écouter de la musique. Il a terrorisé les enfants qui suivaient son enseignement islamique : « *En écoutant la musique, vous vous transformez en Satan…* » Mais l'imam hostile à la musique ne s'arrête pas là. Il a conseillé aux musulmans de boire l'urine des chameaux pour leur vertu médicinale car Mahomet en buvait.

J'ai longtemps évité de parler de ces prescriptions médico-religieuses dans un pays développé comme la France de peur d'être moi-même ridiculisé, attendant patiemment l'avis d'une organisation experte dans le domaine sanitaire. Il fallait que cette initiative vienne d'une institution sérieuse et impossible d'être taxée d'islamophobe qui s'en charge. C'est finalement l'OMS – l'Organisation mondiale de la santé – qui s'est chargée de mettre les fidèles en garde contre la consommation de cette urine miraculeuse.

Ces exemples, bien qu'amusants, tendent à démontrer l'attachement du musulman, quel que soit son niveau intellectuel et son développement social, aux textes sacrés en dépit de tout discernement. C'est ce même aveuglement qui favorise la progression de l'islam politique et justifie les attaques commises en France et en Occident. Or, il en va de la confrontation civilisationnelle, du racisme antimusulman, de l'exclusion sociale dont ceux-ci sont victimes en France. Mais d'autres justifient les attentats au nom d'une vengeance tardive contre la colonisation française, ou comme une riposte aux agressions que mène la France contre les musulmans à l'extérieur et à l'intérieur de ses frontières. Ils accusent le pays de viser directement l'islam et les musulmans dans leur identité, leurs traditions et leur culture.

De fait, les « *lumpenterroristes* » et les groupes organisés qui commettent les attentats en France ne sont ni des malades mentaux ni des psychopathes incurables, encore moins des illuminés ou des désœuvrés. Il s'agit bel bien d'islamistes endoctrinés, décidés à défendre la *Oumma* islamique, munis d'une idéologie et d'une stratégie.

Est-ce peu de dire que nous assistons à un choc des civilisations ?

Personnellement, je n'adhère que peu à cette conclusion et estime, plus franchement, que la civilisation islamique est tout simplement révolue, à l'instar de toutes les anciennes civilisations comme en Judée, en Chine, en Grèce, en Perse ou en Rome antique. Mais les musulmans refusent d'adapter leur idéologie au monde moderne et s'attachent à vouloir appliquer des sourates vieilles de quatorze siècles. La communauté dans son ensemble refuse d'accéder à la sagesse qui s'impose et se dresse contre le reste du monde. Pis encore, elle cherche à détruire les acquis hérités de l'âge d'or de la civilisation islamique et à tourner la page de la Renaissance (*Nahda*), obtenus par les sociétés arabes au XIXe siècle. Comme nous l'avons vu en Afghanistan, en Irak, en Syrie, en Egypte et au Mali, les islamistes veulent aussi et surtout détruire toutes traces des civilisations passées.

En 2001, la police de répression du vice et de promotion de la vertu du régime taliban décide la destruction des Bouddhas de Bâmiyân, en Afghanistan. Un mois d'acharnement, de pose d'explosifs et de tirs d'artillerie leur a été nécessaire pour abattre ces magnifiques sculptures classées au patrimoine mondial de l'UNESCO. Ce triste événement n'est qu'un exemple parmi tant d'autres, mais il démontre bien le degré d'intolérance des musulmans et leur volonté de modeler le monde à leur sinistre image. Même les traces historiques et archéologiques issues de leur propre culture ne sont pas épargnées : destruction systématique de mausolées, de statues, de musées et de tout autre découverte archéologique. Ils estiment que ces vestiges sont impurs sous prétexte qu'ils résultent du contact et de l'échange entre l'islam et les mécréants, tout comme les traductions, les sciences, l'astronomie et la philosophie.

Pour ces mêmes raisons, ils veulent également interdire la culture musicale actuelle, et étouffer toute autre forme d'art. Les islamistes considèrent que tout ce qui se dit et se fait en dehors du texte religieux est une déviance et une mécréance qu'il convient de prohiber.

La littérature, la sculpture, la peinture, la musique et toute autre forme d'expression artistique relèvent dès lors de la déviance. Les artistes musulmans vivent ainsi sous tension permanente, tout comme les consommateurs, privés de lecture, de cinéma et de musique. Beaucoup de ces esprits créatifs finissent par renoncer à leurs talents en mettant un terme à leur carrière, aussi brillante soit-elle, pour éviter d'attirer la colère des radicaux et de perdre la vie. Ils quittent l'art pour rejoindre le « droit chemin » de l'islam et, en guise de repentance, certains versent dans le chant coranique. Il arrive même que certains d'entre eux se radicalisent.

Dans la conscience collective musulmane, la musique est un prélude à la débauche et à la libéralisation sexuelle, et elle est également perçue comme une forme de concurrence au Coran, puisqu'elle détournerait les fidèles de la prière.

Mais l'interdiction qui frappe l'art touche aussi les sciences, car seul le Coran et son miracle scientifique priment. Réformer et moderniser les sociétés musulmanes semble impossible tant que le texte religieux n'est pas assaini et demeure au centre de tout, car il est impossible de faire cohabiter le discours religieux et ses interdictions avec la liberté individuelle. Ce mode de vie imposé, entièrement tourné vers le texte religieux faute d'autre centre d'intérêt, fait du dogme coranique, agressif et oppressif dans son contenu, enfante la radicalisation et, incidemment, la violence qui va avec. Il est hostile à l'humanité qu'il tend à soumettre en mobilisant les esprits afin de lever une armée de zélotes aisément manipulables, aux cerveaux remplis de versets haineux. La seule solution pour atteindre la réconciliation entre l'islam, la modernité et la citoyenneté est de vaincre et soumettre les institutions qui répriment l'esprit créatif ou scientifique et qui encouragent l'endoctrinement, comme ce fut le cas avec l'Eglise catholique qui a imposé, au Moyen Âge, des siècles d'obscurantisme.

Pour éviter un nouvel âge des ténèbres, j'invite tous les musulmans qui souhaitent la modernité à réclamer le droit élémentaire à la liberté d'expression et de foi, à s'insurger contre ses institutions rétrogrades et à adhérer pleinement aux valeurs de la République. Il est indispensable que les musulmans de France se prononcent pour l'égalité entre tous les citoyens et qu'ils la respectent. Il faut qu'ils encouragent à l'échange entre les cultures, qu'ils acceptent la mixité en laissant le droit à leurs filles et à leurs sœurs de se marier avec des individus athées ou issus d'une autre confession religieuse. Qu'ils acceptent d'enterrer leurs défunts dans les cimetières communs et non dans le « carré musulman ».

C'est seulement après un tel engagement que l'islam citoyen pourra se libérer des textes coraniques qui qualifient toujours les juifs et les chrétiens de mécréants et qui appelle à les convertir ou à les tuer.

PÉRILLEUSE LAÏCISATION

Cet engagement peut constituer un premier pas sur la voie de la laïcisation de l'islam. Pourtant, la séparation entre la politique et la religion ne se décrète pas. C'est un combat quotidien de longue haleine qui aboutit au couronnement de l'évolution d'une société. Il ne peut donc y avoir de laïcité sans un pacte social respecté par tous et dans lequel il n'y a pas de place pour cette religion intransigeante et pour ses dogmes. Pour y parvenir, il faut que la communauté musulmane se livre à une autocritique réformatrice qui désacralise le texte, relativise ses versets incompatibles avec la liberté et libéralise les fidèles. Ce pacte social doit se débarrasser de l'héritage idéologique moyenâgeux et exprimer une volonté commune de construire une société libérée des traditions inapplicables et inacceptables dans le monde moderne. Il passe par un pacte éducatif et culturel basé sur la réflexion et l'innovation, loin du « miracle scientifique » réducteur du texte sacré. Le musulman doit apprendre à réfléchir par lui-même, et non pas à travers les textes du Coran.

Evoquer la laïcité et promouvoir les moyens d'y parvenir dans les pays musulmans est un exercice difficile et épineux : le sujet est d'une grande complexité là où se mêlent le totalitarisme politique et l'absolutisme religieux. L'efficacité des efforts déployés depuis des décennies pour dénaturer la laïcité, la combattre et légitimer son rejet est décourageante. Une fois la théocratie en place dans un pays, la seule issue passe par la guerre, le sang versé et la mort.

La laïcité fut longtemps combattue à la fois par les religieux et par les régimes toujours trop étroitement liés, voire confondus. Les islamistes assimilent la laïcité à l'athéisme, synonyme d'impiété, et lui attribuent la décadence de la société. Les gouvernements et les partis au pouvoir ont eux aussi combattu la laïcité pour continuer à dominer et à soumettre les sociétés. Jaloux pour leurs intérêts et craignant l'éveil des populations, ils ont délibérément donné une image déformée de la laïcité, lui imputant tous les maux imaginables : son visage véritable représente la liberté et le pluralisme, ce qui met en péril les fondations solides de la théocratie mise en place. La promotion de la laïcité nécessite donc d'éliminer son image écornée et la mise en lumière de sa véritable signification.

La laïcité a subi, durant près d'un siècle, les attaques virulentes, et souvent meurtrières, des dictatures et des partis uniques qui dominent ces pays foncièrement hostiles à la liberté, au pluralisme, à la démocratie et à la participation des populations à l'évolution socioculturelle. Les islamistes et leurs régimes considèrent le peuple comme un outil, auquel tous les droits sont rendus inaccessibles au profit d'une morale centrée sur la religion. Ce terrorisme intellectuel a contraint les élites arabes à cohabiter avec la tyrannie en tolérant la confiscation du libre-arbitre et de la pensée individuelle.

Les régimes dictatoriaux, y compris ceux qui affichent une laïcité de façade, se sont ralliés aux religieux pour gagner en légitimité ; l'Algérie, la Tunisie et l'Egypte sont de bons exemples de ce type de fonctionnement. Les résultats de cette alliance tacite sont calamiteux pour les sociétés : d'une part, l'alliance a permis aux religieux d'imposer la *charia* comme principale source de la constitution et l'islam en tant que religion d'Etat. D'autre part, les régimes et le culte se sont partagé les pouvoirs, les premiers en s'accaparant la sphère politique et économique, les seconds en disposant de la totale liberté d'islamiser avec la vigueur nécessaire. De cette alliance maléfique naît une volonté ferme et systématique de combattre toute tentative d'émancipation pour renforcer l'assise des religieux qui ne laissent au peuple que le Coran, avec une mise en avant de ses versets les plus radicaux et rétrograde, pour seul paysage.

Pour redresser et valoriser l'image de la laïcité, il suffirait de s'appuyer sur les élites arabes, tout en veillant à écarter les opportunistes prêts à s'insinuer dans les moindres failles et à saper tout effort les éloignant de leurs desseins.

La promotion de la laïcité se doit d'être progressive, afin de ne pas se heurter frontalement aux radicaux qui, dans une approche trop directe, s'empresseraient de la dénoncer comme un exemple de la volonté occidentale d'imposer son mode de vie.

Il faudrait parvenir à désamorcer la radicalisation de la société, en priorité la jeunesse potentiellement plus éclairée. Ce travail doit associer l'ensemble des acteurs, individus et organisations, pour mettre un terme au chaos, intellectuel et spirituel, qui règne en maître absolu.

Cette étape difficile est le point de départ de toute action en faveur de la laïcité et dont dépendra son futur. Dans tous les cas, ceux qui pensent que la laïcité peut progresser sans une réforme profonde de l'islam se trompent lourdement : les sociétés musulmanes ont été travaillées en profondeur par les radicaux, au point que la citoyenneté a été littéralement écrasée par l'appartenance au dogme.

Contrairement aux communautés chrétiennes, l'islam manque d'une hiérarchie solide, capable d'éviter à certains individus de se hisser au sommet du culte d'un simple mouvement adroit. Les musulmans endoctrinés puisent leur foi directement du Coran et de la *Sunna* et n'ont nul besoin de l'intermédiaire d'une institution religieuse : n'importe quel imam autoproclamé peut se mettre à prêcher comme il l'entend s'il trouve un public pour l'écouter. La présence de l'Eglise structurée et son adaptation aux lois républicaines ont permis de répandre la laïcité en Occident ; les rares fanatiques ou extrémistes sont de fait immédiatement détectés et marginalisés. Ce même scénario est impossible actuellement dans les pays arabo-musulmans. Tant que ce sera le cas, les plus radicaux pourront continuer de contaminer les esprits, bien cachés par une institution religieuse floue.

Partant de ce constat, il serait particulièrement difficile et contreproductif de vouloir imposer la laïcité et la substituer à la religion pour endiguer le terrorisme qui se nourrit de l'islam. Une telle tentative souderait les musulmans dans une réaction naturelle de défense identitaire. La laïcité ne doit ainsi pas être un choix idéologique. Il faut encourager progressivement la transparence au sein des ministères du Culte et la construction de sociétés civiles dotées de libertés individuelles et collectives, mais surtout d'une justice impartiale, modérée et équitable.

La laïcité, étant par définition la séparation de la religion et de l'Etat, il convient de commencer par « désislamiser » les institutions et dissocier les pouvoirs judiciaires, législatifs et exécutifs. L'objectif principal d'une réforme globale est de parvenir à l'installation d'un Etat de droit, où le législateur ne s'inspire plus de la religion, et les juges n'appliquent plus la *charia*. Pour autant, la laïcité ne doit pas remplacer la religion dans la société. Il convient de trouver un consensus selon lequel l'islam sortirait de sa position centrale dans la sphère politique et publique en se limitant à son rôle spirituel et social.

L'histoire prouve que la progression de la laïcité dépend de la réforme de la religion. La séparation entre l'Etat et la religion, ou entre le spirituel et le législatif, nécessitent une meilleure connaissance de l'islam et de son rôle sociétal. Les sociétés musulmanes sont modelées et dominées par les religieux à travers les écoles coraniques, les télévisions islamiques et les mosquées devenues le terreau des djihadistes. Cet ensemble fermé et verrouillé rend l'avenir de la laïcité incertain tant que l'emprise de l'islam sur la société n'est pas brisée. La promotion de la laïcité doit ainsi se faire simultanément sur plusieurs fronts : réformer l'islam, déradicaliser les sociétés, promouvoir une culture d'ouverture basée sur le respect de l'autre, les libertés individuelles et les valeurs humaines.

Une telle action doit se faire d'une façon réfléchie, en encourageant la société à l'autocritique afin de la sortir de sa forme actuelle d'obligation spirituelle rigide, imposée comme unique ligne directrice de la pensée. Il est à présent aussi urgent qu'indispensable d'aider cette culture figée à s'ouvrir et à adopter un projet laïc de renaissance afin de la libérer de la régression et de l'obscurantisme qui pèsent dessus et empêchent toute progression. Parallèlement, il convient de garder en ligne de mire l'indispensable complémentarité entre la laïcité, avec ses exigences culturelles et politiques, et la démocratie. La laïcité ne peut en effet pas survivre sans la démocratie et le respect de l'alternance au pouvoir, et inversement. Cette valeur passe nécessairement par la liberté individuelle, la liberté du culte et le pluralisme, trois facteurs qui sont totalement absents dans les pays totalitaires dont les régimes considèrent que leur survie passe par l'extermination des idéologies différentes.

La démocratie ne se décrète pas. Elle résulte d'un processus au long terme qui passe par le respect des valeurs universelles, du pluralisme politique, religieux et idéologique. Pour lutter contre la tyrannie et la dictature, il convient de promouvoir la diversité et la liberté individuelle.

Ainsi, la laïcisation sans le démantèlement du dogme est une erreur, comme le prouvent les exemples turc, tunisien et égyptien. Atatürk a décrété la laïcité, passant du Califat de l'ancien Empire ottoman à la République moderne sans transiter par le pacte social, sans réaliser l'autocritique et la dissection de l'islam comme l'avaient fait les européens (Erasmus, Spinoza, Voltaire, Forbach, Nietzsche et Marx...). Le Kémalisme n'a ainsi pas survécu au retour de l'islam. Le même scénario est visible en Tunisie avec Bourguiba, et en Égypte avec Nasser où l'islam a supplanté la laïcité imposée par simples décrets.

L'erreur des intellectuels qui se sont penchés sur les problématiques de l'islam réside dans leur omission d'étudier l'idéologie wahhabite et les textes de personnages influents comme Hassan Al-Banna, Sayyid Qutb et Khomeiny. Sans s'y atteler, ils ne peuvent comprendre les fondements de tous les mouvements radicaux qui s'en inspirent et qui sèment la terreur. Ces penseurs modernes ne peuvent prétendre lutter contre la violence islamique sans traiter ses sources idéologiques et ses ressources financières. Rares sont les analyses qui ont traité la problématique dans toutes ses dimensions idéologiques, politiques, culturelles, organisationnelles, monétaires et médiatiques. Ils ont omis d'affronter efficacement l'islam sur son propre terrain. Les sciences et les inventions n'ont pas servi à promouvoir la réflexion, bien au contraire : les radicaux les ont exploitées pour valider le miracle scientifique du Coran et légitimer la théocratie invasive. Les modernistes n'ont étudié que superficiellement les modes de financement. Au lieu de démontrer que ceux-ci se basent sur le partage et non la productivité, ils ont laissé prospérer les banques islamiques, source de financement de l'idéologie radicale. De même, personne n'a su lutter contre l'idéologie qui promeut l'instauration du Califat. Au lieu de dénoncer les fondements idéologiques, ils ont critiqué leurs effets circonstanciés. L'exemple de Daech, d'Al-Qaïda, ou du Hezbollah devraient être dans toutes les mémoires. On dénonce l'horreur et les exactions qu'ils commettent mais sans réellement évoquer les origines idéologiques qui les motivent et les justifient.

Aussi, quand les analystes dénoncent passagèrement l'idéologie islamiste et ses représentants, ils oublient de lutter contre leurs relais médiatiques et leurs sources de financement. Il est vrai que des voix se lèvent contre l'utilisation de la rente pétrolière pour financer l'expansion islamique. Mais en réalité, cette approche est erronée car le pétrole en Arabie n'a été découvert que dans les années 1930, et ses revenus n'ont explosé qu'au lendemain du premier choc pétrolier en 1973. Or, l'idéologie wahhabite et celle des Frères musulmans ont bénéficié d'énormes ressources bien avant le pétrole. Ils ont joui des dons de particuliers et d'institutions étatiques, ainsi que de revenus commerciaux réalisés par leurs propres réseaux, sans oublier les apports illégaux obtenus par la culture du pavot et le trafic d'héroïne en provenance du Croissant d'Or, formé par les contours montagneux qui entourent le Pakistan, l'Afghanistan et l'Iran.

En définitive, les critiques éclairés ont commis l'erreur de ne pas traiter la problématique islamique dans sa globalité.

REJET DE LA MODERNITÉ

La responsabilité des intellectuels modernistes est grande dans la régression de la laïcité et la progression de l'islam rétrograde : les premiers n'ont pas su mettre en place des stratégies efficaces de lutte contre l'idéologie du second, lui permettant de toucher le cœur des sociétés musulmanes et de façonner les esprits. Les cérébraux ne se sont pas penchés, à titre d'exemple, sur la portée et la symbolique des traditions islamiques, comme la prière, le jeûne, le pèlerinage, le martyre et les processions en tous genres (lors des obsèques ou de la commémoration de *l'Achoura*). Ces rituels, marqueurs fondamentaux de l'identité islamique, n'ont pas été traités par les historiens et les sociologues dans leur globalité anthropologique, religieuse, sociale, politique et économique : ils n'ont donc pas été désacralisés. Ce manquement relève de la mauvaise hiérarchisation des priorités dans la lutte contre l'islamisation. La fin des années 1970, avec la victoire de la révolution khomeyniste en Iran, marque le retour de ces rituels symboliques dans les sociétés musulmanes, y compris dans les communautés exilées en Occident. Exemple en est l'explosion du nombre de femmes voilées et du nombre de fidèles qui observent le jeûne du Ramadan en le faisant savoir est en nette progression. Ce phénomène touche non seulement la jeunesse, mais aussi le troisième âge, malgré les mises en garde médicales contre les effets néfastes des privations sur la santé des personnes âgées. Le nombre croissant des pèlerins et les prières de rue résultent des mêmes symboles. Au lieu de chercher les raisons idéologiques de ces comportements, comme l'endoctrinement, l'exploitation du jeûne et de la prière comme marqueur identitaire, et de lutter contre leurs effets sur la communauté, on constate une tendance flagrante à l'esquive ou à l'évitement, que ce soit au nom de la liberté individuelle des musulmans ou la peur d'être accusé d'islamophobie. Esquive improductive, car le résultat reste le même : les symboles ont progressé et façonné la communauté. Ils se heurtent frontalement à la modernité, à la mondialisation et à leurs impératifs. Ils sont également un obstacle majeur à la laïcisation, puisque ces phénomènes de marginalisation tendent à dissoudre l'individu dans la masse, à creuser l'éloignement et à soumettre la sphère politique à la sphère spirituelle. Le tout pour atteindre l'unicité de la *Oumma*.

La progression de ces rituels-symboles en Occident s'accroît, entre autres limitations, grâce à la faiblesse de la laïcité, remplacée par sa forme consensuelle, laquelle évite la confrontation idéologique. Or, ils servent à mobiliser la foule et à l'endoctriner contre la liberté de pensée et de culte. A titre d'exemple, les « laïcards » appellent à tolérer les prières du vendredi dans les rues, par un respect de façade ou de principe à la liberté religieuse des musulmans, sans s'apercevoir que ces prières servent à accélérer l'islamisation et menacent, à terme, les fondements de la laïcité. Il en résulte qu'il sera impossible de moderniser l'islam tant que tous les obstacles à cette modernisation ne seront pas abattus. Le comble c'est que les islamistes, diamétralement opposés à la modernité, s'appuient sur les moyens les plus modernes pour se répandre et se renforcer, notamment grâce à Internet, à ses réseaux sociaux, mais aussi à la télévision satellitaire. Ils entretiennent le communautarisme et le proposent comme un moyen en faveur de l'intégration de l'individu dans la société. Les moyens technologiques leur permettent aussi de mener des campagnes de promotion, comme la diffusion des images et des vidéos de stars – notamment des sportifs – convertis à l'islam après un pèlerinage.

Certains ont cru, à tort, que la modernisation pouvait déradicaliser les islamistes et les ramener à la raison, mais c'est tout le contraire qui s'est produit. Les radicaux façonnent la modernité et l'exploite. Les événements des dernières décennies attestent sans l'ombre d'un doute de l'ancrage du sacré dans la conscience collective musulmane. Le pari sur la modernisation de façade sans le démantèlement de l'idéologie a lamentablement échoué. Toutes les tentatives de lutte contre les radicaux ont été un fiasco dans les pays arabo-musulmans. Les réformistes manquent cruellement d'une stratégie efficace et refusent de traiter le fond du problème, se contentant de ses effets illusoires. Une autre raison de cet échec réside dans l'incapacité des réformistes à travailler collectivement et à dresser une stratégie commune. Leurs erreurs ont contribué à accélérer la radicalisation puisque les islamistes se sont sentis menacés dans leur existence et ont redoublé d'agressivité.

C'est le même phénomène qui se produit en Europe, et en France en particulier. Les musulmans, endoctrinés et mobilisés par les radicaux, s'arcboutent et se radicalisent davantage. Ils versent dans la violence et le fossé interculturel se creuse toujours plus. Pour y mettre un terme, il ne suffit pas d'arrêter les terroristes, ni même de renforcer la surveillance policière. Il faut commencer par éradiquer leur idéologie fanatique et extrémiste pour les libérer de son joug.

En examinant les multiples tentatives de modernisation et de réforme de l'islam, on s'aperçoit que cette religion est loin de connaître son siècle des Lumières. Bien au contraire ! Après chaque échec de modernisation, les musulmans plongent davantage dans l'obscurantisme. En effet, les réformistes ayant esquivé la confrontation idéologique, ont indirectement contribué au renforcement de la doctrine islamique. Depuis la défaite de Nasser en 1967, l'idéologie islamiste a systématiquement réussi à absorber les chocs, à contenir les critiques et à mener des contre-offensives dont les effets sont visibles aujourd'hui à travers le monde.

Plusieurs facteurs expliquent cette capacité du dogme à résister. D'abord, les intellectuels qui s'y sont frottés étaient minoritaires, mal organisés et dispersés dans des conjonctures stériles. Ils ont mené la bataille de la modernisation en ordre dispersé, sans approfondir dans le détricotage de l'histoire de l'islam et de son parcours ; ils ont échoué à rallier l'opinion publique, largement contrôlée par les islamistes. Aussi, tant que les institutions religieuses demeureront imperméables, il sera difficile, voire vain, de chercher à réformer la communauté.

A ces facteurs, il convient d'ajouter que les appels à réformer l'islam lancés depuis l'Occident ont systématiquement produit les effets contraires. Assimilés à une agression, et considérés comme une atteinte à leur identité, les islamistes ont réussi à les exploiter pour mobiliser la communauté contre cette ingérence. La solidarité et la cohésion de la *Oumma* face aux modernistes désordonnés a également joué un rôle primordial dans leurs échecs.

Les défis actuels nécessitent une refonte totale des stratégies des réformistes, une hiérarchisation de leurs priorités et un rassemblement stratégique. Jusque-là, le discours moderniste, aussi superficiel soit-il, s'est adressé uniquement aux élites sans toucher les populations. La situation actuelle appelle à l'utilisation des mêmes supports que les islamistes pour toucher les sociétés : Internet, CD, DVD, télévision, revues, outils et médias que les islamistes ont formatés.

FAIRE TOMBER LE VOILE

Pour espérer guider l'islam à la lumière, il convient de revoir les stratégies et les moyens applicables mais aussi de bien choisir les sujets à traiter en priorité, en insistant sur ce qui touche le cœur et l'esprit des musulmans. Les sujets les plus sensibles sont ceux qui touchent directement au Coran. Mais ce sont aussi les plus importants à désamorcer pour libérer les consciences des prisons mentales du dogme. Démontrer l'histoire fallacieuse de la révélation et de la prophétie supposée de Mahomet, démontrer les mensonges concernant le voile, le sexe, la mort, la magie, les rituels.

Il est impératif de donner aux peuples d'autres horizons afin que le texte sacré ne soit pas leur seule préoccupation, ouvrir à la mixité, autoriser la création, la production, la diffusion et l'accès à l'art libéré : concerts de musique, expositions de peinture, distribution de livres. Si la population peut librement se divertir, goûter à des œuvres d'artistes, l'emprise des recruteurs sera considérablement réduite. Il est facile d'endoctriner une jeunesse qui ne connaît que la religion, dans un système théocentrique, mais ce serait plus difficile s'ils avaient d'autres sources d'intérêt, des loisirs et la possibilité de trouver du plaisir dans la vie quotidienne.

Autre point capital, condamner et mettre en lumière les conquêtes islamiques de sorte que la violence, l'injustice, l'horreur, la cruauté et la barbarie rentrent dans la conscience collective, et ce partout dans le monde, surtout dans ceux qui subissent l'hégémonie des régimes oppresseurs et radicaux, que ces actions soient montrées sous leur vrais visages, qu'elles inspirent honte et dégoût et cessent de susciter la fierté des musulmans et d'alimenter le désir de les reproduire. A ces sujets il convient de traiter les questions fondamentales de la liberté d'expression, de la liberté de croyance, de la liberté de changer de religion. Il faut évoquer le suicide, la mécréance, l'avortement, démystifier le Paradis et l'Enfer : relativiser la perception de ces sujets est indispensable pour amorcer un début de modernisation de l'islam, ou du moins des mentalités, du mode de vie et de la pensée collective des musulmans. Ce serait un vrai bond en avant que d'éteindre la haine des versets interprétés, la crainte répressive et le zèle irrationnel qui animent la quasi-totalité de la conscience collective musulmane, générés et alimentés par les prêches de conditionnement et de propagande ; cela ferait fondre l'influence des religieux machiavéliques qui sévissent partout dans les pays d'origine et qui sont de plus en plus nombreux en Europe. Une telle évolution permettrait, à terme, de libérer l'individu, mais surtout de faire évoluer l'appartenance communautaire en un rattachement à l'humanité. Là est le seul moyen pour que tous les individus soient égaux et respectés sans jugement sur leur religion, leur ethnie et leur couleur de peau. La confession de chacun sera toujours respectée tant qu'elle relèvera du domaine privé, loin du prosélytisme et de l'autocratie religieuse.

L'objectif n'est pas seulement de libérer les musulmans du radicalisme, et *in extenso* de débarrasser le monde du terrorisme. C'est surtout de briser l'idéologie qui a enfanté cet état d'esprit venimeux. Ceci nécessite un changement radical du rapport entre le musulman et son identité religieuse, un nouveau contrat au sein de la communauté. Elle doit adopter le dialogue comme moyen de communication en son sein, et ne plus percevoir les autres comme des ennemis inévitables mais comme frères dans la grande famille de l'humanité.

LA « DÉSINTÉGRATION »

Tout ce qui a précédé vise à mettre en lumière la problématique de la ghettoïsation des musulmans et de ses conséquences. Cette isolation et le séparatisme des musulmans dans la société française sont dus à l'échec de leur intégration. A travers cette réflexion, j'essaie de diagnostiquer le mal et de prescrire les remèdes adéquats. Pour réussir l'intégration des musulmans, il faut en priorité défaire le projet religieux que portent les islamistes et sortir du clivage identitaire. Pour être plus clair, je refuse toutes les propositions consensuelles qui cherchent à transiger pour éviter de froisser l'orgueil de l'islam ; son idéologie rigide et intolérante est le premier obstacle qui empêche ses disciples de s'intégrer.

L'islam, comme je l'ai déjà expliqué, n'est pas simplement une religion. Il s'agit avant tout d'un projet politique né avec Mahomet et ses compagnons et sur lequel ils se sont appuyés pour fonder leur Califat. Dans son contenu, le dogme rejette la liberté individuelle et la liberté au profit d'une cohésion soumise de la communauté des croyants. D'ailleurs, le mot islam est traduisible par « soumission ». La question légitime est la suivante : à qui est offerte cette soumission des fidèles ? Les théocrates* répondront : « *A Allah, béni soit son nom* ». Mais l'histoire du règne belliqueux et conquérant du prophète et de ses successeurs nous souffle plutôt : « *A ceux qui ont construit l'édifice* ».

Dès lors, il est important d'accepter l'impossibilité de cette communauté de croyants à s'intégrer dans une société moderne tant qu'elle vit dans l'archaïsme du passé, qu'elle demeure fidèle à un mode de vie et de pensée vieux de quatorze siècles et qu'elle véhicule avec virulence des idées rétrogrades. Il est impensable, en l'état actuel, qu'elle puisse s'intégrer dans le monde moderne tant qu'elle ne reconnaît et ne respecte pas la démocratie, la laïcité et les droits de l'homme. L'incompatibilité entre la démocratie et la *charia* est en effet flagrante.

A la suite d'un incident survenu à la piscine publique d'une commune de banlieue parisienne, une femme voilée expulsée a porté plainte contre la municipalité, et le maire qui a institué un comité de réflexion, m'avait choisi pour y siéger. Lors d'un débat sur la question de l'intégration, j'ai fait remarquer que les musulmans ne le sont que dans leurs quartiers : où tout est islamisé. Ce sont des biotopes étanches, où leur mode de vie s'impose insidieusement et où prolifèrent toutes sortes d'actes de violence, d'intimidation et de délinquance.

Les musulmans se plaignent du taux élevé du chômage dans leurs quartiers, mais ils refusent de reconnaître qu'ils n'ont pas évolué avec la demande du monde du travail. Avec les premières vagues d'immigration, la France recherchait une main-d'œuvre peu qualifiée. Aujourd'hui, la demande a muté et l'industrialisation nécessite une main-d'œuvre spécialisée. C'est l'étanchéité des musulmans à la modernisation qui est la cause de l'explosion du taux du chômage au sein de leur communauté.

Les musulmans vivent dans une sorte de schizophrénie sociale, tiraillés entre leur culture islamique et orientale, et la nécessité de s'adapter à la vie locale. Ils se sentent exclus de la société mais ils en sont les premiers responsables ; et l'une des nombreuses conséquences de cela est leur perte de repères. Ils versent ainsi dans la délinquance, à la recherche du gain facile et rapide. Les caïds qui règnent sur les zones de non-droits que sont devenues de nombreuses banlieues françaises deviennent vite une référence pour les plus jeunes et être hors-la-loi devient la norme. Ce phénomène accentue leur rejet par la société, un rejet qu'ils assimilent à la xénophobie et au racisme qu'ils alimentent eux-mêmes à travers leur comportement.

Je ne nie pas l'existence du racisme, encore moins des souffrances qu'endurent certains musulmans des banlieues, mais ils doivent reconnaître leur part de responsabilité dans cette situation. Au lieu d'œuvrer pour y remédier en prouvant leur volonté de s'intégrer, ils s'enferment et se barricadent derrière l'identité islamique et les slogans antiracistes. Ils oublient pourtant que la société qu'ils accusent de racisme leur accorde de nombreux droits et avantages, qu'ils jouissent en France d'une multitude de libertés, notamment celle de croyance et de culte, incomparablement plus que dans leur pays d'origine.

A noter également que les musulmans pratiquent le racisme entre eux, en fonction de leur origine nationale, religieuse ou ethnique (Turc-Kurdes, Arabes-Africains, Turcs-Arabes, sunnites-chiites, etc.).

Le racisme évoqué par les musulmans ne relève pas d'un complot anti-islam, ni d'une politique bien définie. Il s'agit de comportements individuels qui engagent essentiellement les ignorants. Quand un musulman vêtu d'un uniforme oriental se promène dans les rues de Paris, il attire l'attention et la désapprobation de ses semblables et aussi des Français qui y voient un défi à leurs propres libertés, à leur culture et à une laïcité durement gagnée. Il ne s'agit absolument pas de racisme mais plutôt d'une réaction légitime à une oppression de plus en plus lourde.

Ce racisme, prétendu ou réel, se nourrit, de toute façon, du comportement de ceux qui s'en considèrent les victimes. Le non-respect des lois par les immigrés et leur comportement immoral contribuent à donner une mauvaise image de leur société d'origine et de leur communauté, incitant les autres à les rejeter.

Assez ironiquement, les musulmans se posent souvent des questions auxquelles ils ont déjà les réponses.

Pourquoi l'Occident nous déteste ? Pourquoi les banlieues sont-elles mal perçues ?

Bien entendu, ils ne se donnent pas la peine de s'interroger sur ce qui les pousse eux-mêmes à haïr et à ne pas respecter l'Occident.

PÔLES ISLAMIQUES

Les mosquées et les centres islamiques fréquentés par les musulmans demeurent des lieux d'endoctrinement et de formation politique par excellence. Les imams et autres prêcheurs se sont autoproclamés défenseurs de l'islam et de ses valeurs et se sont imposés comme les moralisateurs de la communauté. Leurs prêches s'articulent autour du *halal** et du *harām**. Ils critiquent l'école publique laïque, les télévisions et les journaux libres, accusés de répandre la décadence et de pratiquer une propagande permanente. Pour les religieux, les médias sont responsables de la crise des valeurs et de l'identité islamique. Un ami marocain a inscrit sa jeune fille dans une école coranique afin qu'elle apprenne l'arabe, la langue de son père. Après quelques jours de fréquentation de cet établissement géré par des religieux, la fillette a interpelé son père : est-ce vrai que les non-musulmans iront au feu éternel, en enfer ? Choqué par ces propos, et découvrant que le professeur d'arabe était à l'origine de cet endoctrinement, mon ami l'a immédiatement retirée de l'établissement, une réaction lucide afin de l'extirper de ce conditionnement calculé, avec une volonté responsable de replacer son enfant dans le sens d'une adaptation au sein de la société française, pluriculturelle, multiconfessionnelle et tolérante.

Un autre ami pakistanais a vécu le même type d'expérience. Il a fui les horreurs commises par les islamistes dans son pays et s'est réfugié en France où il s'est installé et a fondé une famille. Un jour, sa fille scolarisée à l'école publique, et par conséquent laïque, lui a fait part de sa volonté de jeûner pour éviter de brûler en enfer. C'était sa maîtresse, une stagiaire, qui lui avait mis cette idée en tête.

De nombreuses histoires semblables sont enregistrées dans d'autres secteurs d'activité où l'on note une progression croissante du nombre de conversions : les musulmans y sont de plus en plus radicalisés. Ces tendances prouvent que quel que soit son statut ou son emploi, le communautarisme est avant tout une image du prosélytisme qui s'y attache. Ce phénomène est dangereux, notamment quand il touche l'école, car il formate toute une génération de citoyens.

CULTURE ET ENDOCTRINEMENT

La prolifération des mosquées, des centres islamiques et des écoles religieuses – légales ou clandestines – n'est qu'un support de l'idéologie qu'ils distillent avec une virulence qui tend au fanatisme. En laissant faire, sous quelque prétexte que ce soit, cela revient à tolérer l'endoctrinement et le recrutement de djihadistes pour rejoindre les différents fronts de lutte active (Irak, Lybie, Syrie, etc.) ou pour commettre des attentats sur les terres d'accueil. Je préconise que le secteur de l'enseignement soit strictement surveillé pour éviter que des enseignants idéologisés ne puissent influencer les jeunes, exactement comme les pédophiles sont interdits de tout contact avec les mineurs. L'école, quelle que soit son obédience, doit se conformer au programme et transmettre les valeurs de la laïcité.

J'ai lancé un appel dans mon pays afin de protéger la jeunesse de tout extrémisme religieux. Je réitère cet appel à l'école française afin d'abolir tous les obstacles qui se dressent entre la jeunesse et la société, afin de faciliter leur intégration. Mon cri d'alarme concerne également les centres islamiques, souvent présentés comme des centres culturels mais qui servent en réalité à l'islamisation active de la jeunesse. C'est d'autant plus vrai que l'enseignement de l'arabe se fait uniquement autour du Coran, occultant toute forme d'expression libre comme la poésie, les arts, la culture et la philosophie arabe.

Je ne suis pas hostile à l'ouverture culturelle et au métissage enrichissant, mais ce qui se déroule sous mes yeux aujourd'hui n'est que l'infiltration de l'islam sous couvert de culture arabe dans la société française. Ce mélange des valeurs moyenâgeuses avec les valeurs de la République menace cette dernière, ainsi que ses fondements laïcs.

En examinant de près la situation en France, on s'aperçoit que l'islam a profité de la tolérance de la société, mais aussi des principes de liberté et d'égalité, pour y établir des écoles coraniques, à l'instar des écoles catholiques, judaïques et surtout laïques. De même, il profite de la liberté du culte pour installer ses centres cultuels. Mais, comme je l'ai signalé, l'islam se différencie de la chrétienté et du judaïsme et refuse de les reconnaître, alors que chrétiens et juifs respectent le pluralisme et ont adopté une certaine forme de modération laïque nécessaire à une intégration harmonieuse.

Le refus de l'autre et l'impossibilité de l'apostasie en Islam sont institutionnalisés dans les pays d'origine. Le code pénal est strict à cet égard et y interdit toute critique de la religion. Les contrevenants sont poursuivis pour blasphème alors que sur les plateaux des télévisions musulmanes défilent toutes sortes d'imams et de prêcheurs qui distillent leur haine des mécréants et encouragent quotidiennement à tuer les juifs et les chrétiens. Ces attitudes haineuses sont coutumières et se poursuivent sans risques de poursuites : c'est une forme patente d'immunité par l'islam.

La réussite des mosquées et des écoles coraniques à endoctriner et à recruter des terroristes est facilitée par l'inconscience des familles face à ce phénomène. J'aurais aimé entendre les journalistes interroger les parents des djihadistes qui ont rejoint Daech en Irak et en Syrie sur leur rôle dans l'éducation de ces fanatiques. Ont-ils une responsabilité dans la trajectoire de leurs descendants ? Leur ont-ils bien expliqué la religion ? Ont-ils disserté sur le sens de la vie physique et de celle, présumée, qui vient après la mort ? Les valeurs humaines sont-elles mises en avant ou, au contraire, ont-ils concédé et sacrifié leur rôle éducatif à la mosquée qui a transformé les jeunes en bombes ambulantes ?

Malheureusement, aucune de ces questions n'a été posée alors que la société française s'interroge sur le parcours de ceux qui l'ont endeuillée.

Cette situation ne peut plus durer.

Pour mettre un terme à ce cercle vicieux, il faut encourager l'enseignement laïc, voire l'imposer à la communauté musulmane pour y distiller les valeurs humaines et civilisées de la République. L'apprentissage de la langue, mais aussi de la culture d'origine, ne doivent en aucun cas dresser un obstacle entre la jeune génération, son milieu actuel et sa société adoptive. Quant à l'enseignement religieux, au lieu de dispenser des cours exclusivement basés sur l'islam archaïque, synonyme de bourrage de crânes et d'endoctrinement, il est vital d'opter pour la diversification afin d'exposer aux élèves toutes les religions, permettant ainsi la comparaison et l'adaptation. Il faut également réformer l'enseignement de l'arabe pour que cette langue ne soit pas systématiquement réduite à l'islam. Ce point est d'autant plus pertinent que des millions d'Arabes ne sont pas de confession musulmane. L'enseignement de l'arabe doit exclusivement servir à enrichir culturellement les enfants et non pas à les préparer à épouser et à appliquer l'islam. Alors l'école pourra contribuer à préparer de vrais enfants citoyens, et non des futurs djihadistes potentiels.

L'absence de cet enseignement éclairé dans la communauté est la responsabilité des laïcs qui en sont issus. Ils ont failli à leur devoir de vigilance et n'ont pas su proposer l'enseignement adéquat.

De fait, le principal défi des laïcs et des ex-musulmans, consistant à proposer une alternative éducative susceptible de modifier la trajectoire de l'islam radical et communautariste, devient une mission critique.

CONCLUSION

Ce qui a précédé est le résumé de mes réflexions, loin de tout calcul politique et de toute hypocrisie. Je ne suis ni un homme politique ni un diplomate. En revanche, j'ai livré cette réflexion avec la plus grande honnêteté afin de mieux diagnostiquer le problème mondialisé de l'islam politisé et/ou radical en passant par son dogme originel. Mon seul objectif est de contribuer à la mise en place d'une solution raisonnable. Je suis conscient que mes écrits ne correspondent pas à ce que certains aimeraient entendre ou lire, mais j'ai écrit ce qui doit être lu, entendu et compris.

Il ne fait aucun doute que ce texte aura l'effet d'une bombe : cette entreprise dressera contre moi une grande partie de la communauté musulmane et l'ensemble des organisations islamiques, religieuses et politiques. J'aurais pu m'en passer, mais je me suis habitué à cet exercice depuis mon séjour en prison en Cisjordanie, émaillé de tortures physiques et psychologiques permanentes.

J'ai pris le risque de mécontenter mes adversaires et certains de mes amis car j'estime que la lutte contre le terrorisme qui a frappé Paris, endeuillant des Français et des Européens paisibles, passe par cet exercice. Les mesures de sécurité mises en place ne suffisent pas à protéger la France. Il faut conjointement un travail de fond pour déraciner l'idéologie qui a enfanté ce terrorisme.

Sans cette réflexion, qui doit être suivie d'actions concrètes, les terroristes vont poursuivre leurs forfaits, faire plier l'Europe, la pousser à la radicalisation. Les théocrates exploiteront ensuite cette radicalisation pour mobiliser les musulmans, entretenir les guerres, alimenter l'immigration clandestine et le flux des réfugiés. Si la France et l'Europe ne réagissent pas rapidement, elles seront englouties par ces migrants haineux, avec les conséquences prévisibles sur leur sécurité et la paix sociale.

Il en va de la conservation et du développement des valeurs d'un monde civilisé.

Agissons avant qu'il ne soit trop tard.

LEXIQUE

« *Al-Hall houa al-Islam* » : Traduisible par « La solution est en l'islam » ou « le salut est dans l'islam ». Cela illustre bien la volonté de l'islam religieux et communautaire d'imposer le mode de vie qui est le leur comme modèle à imposer au reste du monde.

Apostasie : Renoncement volontaire à la foi d'origine d'un individu qui, par le fait, devient un athée et un apostat : un ennemi de Dieu.

« Assalam alekoum » : Forme de salutation qui peut être traduite par « Que la paix t'accompagne ».

Bitzkrieg : Expression germanique datant de la Seconde Guerre mondiale traduisible par « Guerre-éclair ». Cette formule est utilisée pour désigner une victoire aussi facile que rapide en matière militaire.

Charia : Traduisible par « Chemin pour respecter la loi de Dieu ». Il s'agit d'un rassemblement dans l'islam de diverses règles doctrinales, sociales, culturelles et relationnelles. Ces lois divines sont placées au-dessus de celles des hommes.

Djihad : En arabe, ce terme signifie « abnégation », « effort », « lutte » ou « résistance » voire, plus globalement « guerre sainte ». Dans le Coran, il s'agit d'un devoir religieux pour les musulmans.

Fatwa : Avis juridique donné par un spécialiste de la loi islamique (*charia*) sur une question particulière, un problème moral ou des faits qui méritent une analyse et une réaction. Une *fatwa* est, le plus souvent, accompagnée d'un devoir d'application correctif et/ou punitif du problème ou du litige par les fidèles qui en ont connaissance.

Hadith (s) : Recueil des actes et paroles de Mahomet et de ses compagnons à propos de commentaires du Coran ou de règles de conduite. Les *Hadiths* sont le second fondement, après le Coran, du dogme islamique.

Halal : Ce qui, en islam, est considéré comme sain, conforme aux valeurs et aux lois propres au dogme religieux.

Harām : Ce terme arabe regroupe les notions suivantes : « illégal », « illicite », mais aussi « inviolable » ou encore « sacré ». A titre d'exemple de cette deuxième signification, les terres de Médine et de la Mecque sont considérées comme *harām*, c'est-à-dire sacrées et interdites aux non-musulmans.

Mu'tazila : Adeptes du mutazilisme, cette école de pensée théologique musulmane apparue au VIII e siècle, simultanément avec le sunnisme et le chiisme, mais tout en restant indépendante d'eux. Elle a disparu au XIII e siècle après avoir été persécutée essentiellement par le sunnisme. Leur théologie s'articule autour de la logique, la raison et le rationalisme qu'ils ont cherché à combiner avec les doctrines islamiques, en vain. Les courants majoritaires de l'islam considèrent en effet que la révélation divine n'a pas à être soumise à la critique humaine.

Impie : Individu, pensée ou conduite qui montre du mépris envers une religion.

Mufti : Religieux musulman sunnite, interprète de la loi musulmane (*charia*), ayant l'autorité d'émettre des avis juridiques (*fatwas*). Un grand mufti, s'il était mis en place, serait un équivalent du pape catholique avec une autorité qui s'étendrait sur l'ensemble des hommes dans une théocratie totalitaire.

No-go zone : Anglicisme qui peut être traduit par « zones dans lesquelles on ne peut pas ou plus se rendre ». Cette formule désigne les zones de non-droit, dans lesquelles même la police ne prend plus le risque d'aller faire appliquer les lois en vigueur dans le pays. Ici, dans ce contexte islamique, les figures religieuses et les adeptes les plus engagés appliquent les lois qui vont dans le sens de l'idéologie religieuse et communautaire qui les anime (*charia*). C'est une entorse volontaire aux lois républicaines au profit de celles du dogme.

Ouléma : Sorte de docteur de la loi et la foi musulmane, entre juriste et théologien, qui étudie le Coran et interprète les lois islamiques qui composent la *charia*.

Oumma : Désigne la communauté des musulmans dans le monde et induit le dépassement de l'identité individuelle, de l'appartenance ethnique, tribale et nationale du fidèle au profit de son appartenance religieuse.

Renégat : Individu ayant renié la religion. Ce terme à la base réservé aux chrétiens, il peut s'appliquer, dans le contexte actuel, à toutes les confessions.

Sunna (ou Sunnah) : Ensemble des paroles du Prophète, de ses actions et de ses jugements tels que décrits dans le *Hadith*.

Théocrate : Qui relève de la théocratie (voir ci-dessous).

Théocratie : Mode de gouvernement où le titulaire de la souveraineté est d'ordre divin.

Zélote : individu jeté corps et âme – avec « zèle » – dans une cause, une religion ou une idéologie. Sa vie tourne exclusivement autour de l'objet de son fanatisme. Au sein de l'islam religieux et communautaire, les zélotes cherchent à renforcer leur emprise, au nom de la foi et des traditions, par tous les moyens possibles, en sacrifiant leurs vies, si nécessaire.

TABLE DES MATIÈRES

Achevé d'imprimer sur rotative
PAR BUSSIÈRE CPI FRANCE
en MARS 2017

–

Dépot légal : MARS 2017
Numéro d'édition : 001
Numéro d'impression : 2026969
Imprimé en France

–

ISBN : 979-10-91447-57-7